余杭遗珍

余 杭 区 第 一 次 全 国
可移动文物普查成果集萃

编委会

余杭遗珍

余杭区第一次全国可移动文物普查成果集萃

杭州市余杭区文化广电新闻出版局 编著

文物出版社

图书在版编目（CIP）数据

余杭遗珍：余杭区第一次全国可移动文物普查成果
集萃 / 杭州市余杭区文化广电新闻出版局编著 . -- 北京：
文物出版社 , 2016.11
  ISBN 978-7-5010-4764-2

  Ⅰ . ①余… Ⅱ . ①杭… Ⅲ . ①文物－普查－概况－杭
州 Ⅳ . ① K872.551

  中国版本图书馆 CIP 数据核字 (2016) 第 262827 号

余杭遗珍
余杭区第一次全国可移动文物普查成果集萃

编　　著：杭州市余杭区文化广电新闻出版局

责任编辑：张昌倬

摄　　影：钱　明

封面设计：任惠安

责任印制：梁秋卉

出版发行：文物出版社

社　　址：北京市东直门内北小街 2 号楼

邮　　编：100007

网　　址：http://www.wenwu.com

邮　　箱：web@wemwu.com

经　　销：新华书店

制　　作：杭州新海得宝图文制作有限公司

印　　制：杭州嘉业印务有限公司

开　　本：889mm×1194mm　1/16

印　　张：22.75

版　　次：2016 年 11 月第 1 版

印　　次：2016 年 11 月第 1 次印刷

书　　号：ISBN 978-7-5010-4764-2

定　　价：328 元

文物是人类在历史发展过程中遗留下来的遗迹、遗物，是不可再生的珍贵资源，是宝贵的文化财富。了解文物财富，保护文物资源，是我们义不容辞的责任。

　　余杭位于江南腹地，山清水秀，风光旖旎，处处透着秀丽、婉约、含蓄的江南气质。五千年前的良渚古国，世界最早的水坝工程；春秋战国的争霸要塞，青铜兵器"出匣吐寒光"；秦时初设县，两汉大繁荣，筑南湖，防洪涝；六代风华虽已逝，画像砖可寻迹；隋唐五代，京杭运河通，筑捍海塘，铜镜浑厚大气；宋时京畿地，富甲华夷，径山寺盛；明清时期，名家辈出……这一幕幕的辉煌，无不体现着余杭深邃的文化魅力。

　　2012 年，根据国务院部署，国家文物局启动第一次全国可移动文物普查。余杭区委、区政府高度重视，成立了余杭区第一次全国可移动文物普查领导小组，内增人员，外聘专家，落实经费，配齐设备，切实保障普查工作的顺利进行。历经 4 年努力，如期完成各项普查任务，成果丰硕。区普查办先后对全区范围内杭州市余杭博物馆、良渚博物院、杭州市余杭章太炎故居纪念馆、杭州市瓶窑中学、杭州余杭运河综合保护开发建设有限公司、杭州市余杭区档案局（馆）、杭州市余杭区仁和街道社区卫生服务中心和杭州市余杭区塘栖剧院共 8 家国有单位所收藏的 28652 件（套）文物按国家统一标准规范一一登录，数量之巨在全省名列前茅。

　　通过此次可移动文物普查，基本摸清我区国有可移动文物家底，全面掌握了全区国有可移动文物数量及分布，建立了全区国有可移动文物名录。普查人员的业务水平得到明显提高，积累了宝贵的实践经验。

　　第一次全国可移动文物普查既是对我区可移动文物资源的摸底调查，也是我区可移动文物保护工作的新起点。此次普查结束后，我区将根据国家和省市普查办部署，公布本行政区域内普查成果，积极推动普查成果转化，为市民提供更丰富、更优质的公共文化服务。我们将以此为起点，最大限度地发挥可移动文物的作用，真正做到文化惠民。

　　是为序。

杭州市余杭区文化广电新闻出版局局长　冯玉宝

丙申年秋　于临平

目录

综述

　　根据国务院统一部署，从 2012 年开始，用 5 年时间进行第一次全国可移动文物普查。这是建国以来首次针对可移动文物开展的普查，也是继第三次全国不可移动文物普查之后，在我国文化遗产领域开展的又一次重要的国情国力调查，是确保国家文化安全、保障人民群众基本文化权益的重要措施，也是健全文物保护体系的重要基础工作。

　　为全面掌握全区国有可移动文物资源状况，健全文化遗产保护体系，我区认真贯彻落实《国务院关于开展第一次全国可移动文物普查的通知》、国家文物局《关于落实国务院通知精神认真做好第一次全国可移动文物普查的通知》及省、市有关文件精神，在上级普查办的大力支持和指导下，在全区各有关部门的积极努力和相互配合下，圆满完成了全区第一次全国可移动文物普查工作。

　　根据国家、省、市普查办安排，我区成立余杭区第一次全国可移动文物普查领导小组，下设办公室，办公室下设普查工作组 3 个、宣传后勤组 1 个，以及专家库。普查办人员主要由杭州市余杭区文化广电新闻出版局、杭州市余杭博物馆、良渚博物院、杭州市余杭章太炎故居纪念馆业务人员组成，同时吸纳其他社会人士参加。其中，普查工作组 25 人；宣传后勤组 3 人；并外聘了浙江省文物考古研究所 1 名专家作为普查工作顾问，对普查采集登录的文物信息逐一把关和校对。我们为全区文物收藏数量最多的两家单位杭州市余杭博物馆和良渚博物院重点保障普查经费，配备了必要的普查设备，确保普查工作的顺利进行。

　　2013 年 9 月至 2014 年 10 月，区普查办对区内各级国家机关、事业单位、国有企业和国有控股企业等各类国有单位所收藏保管的国有可移动文物进行了摸底排查和藏品认定。全区共有国有文物收藏单位 8 家（市属杭州师范大学不计入），申报藏品数量 28652 件（套）（不包括区档案馆的纸质档案文献和区图书馆列入全国古籍普查的古籍），数量之巨在全省名列前茅。

余杭区反馈有文物收藏的国有单位文物认定情况表

	单位名称	是否实地走访	自行上报藏品数量（件/套）	认定文物数量（件/套）	备注
系统内	杭州市余杭博物馆		25010	25010	
	良渚博物院		3266	3266	
	杭州市余杭章太炎故居纪念馆		85	85	
系统外	杭州市瓶窑中学	是	10	226	
	杭州市余杭区仁和街道社区卫生服务中心	是	41	34	
	杭州市余杭区塘栖剧院	是	2	2	
	杭州余杭运河综合保护开发建设有限公司	是	244	19	
	杭州市余杭区临平公园管理所	是	8	0	
	杭州市余杭区佛教协会	是	3	0	
	杭州市余杭区广播电视台	是	4	0	
	杭州市余杭区委员会党史研究室	是	2	0	
	杭州市余杭区档案局(馆)	是	9266	10	此次认定不包括纸质档案文献（含手稿、字画等）
	杭州市余杭区图书馆	是	2540	0	此次认定不包括列入全国古籍普查的古籍
	合计		40481	28652	

为确保普查工作的顺利推进，区普查办根据国家和省市第一次全国可移动文物普查实施方案、《杭州市余杭区第一次全国可移动文物普查实施方案》，认真制定普查具体工作计划，仔细梳理普查工作各个阶段和环节中的重要问题，充分发挥部门合力，认真组建精干队伍，并对普查队员进行业务培训，通过政府集中采购的方式，确定了具有文物拍摄经验的单位负责文物拍照，同时对文物系统外的收藏单位及系统内力量薄弱的单位积极主动开展帮扶。普查队员加班加点，确保普查质量和工作进度。期间，多次召开全区普查工作推进会，及时通报普查进展情况，部署普查阶段性工作任务。经过四年的努力，截至2016年7月，如期完成各项普查任务，普查成果丰硕。

1、全面摸清国有可移动文物收藏单位情况，建立全区国有可移动文物收藏单位名录。

余杭区国有文物收藏单位共有8家，登录藏品总数28652件/套。按照文物单位的隶属关系分析，其中有县区属单位7家，登录藏品总数28618件/套；乡镇街道所属单位1家，登录藏品总数34件/套。

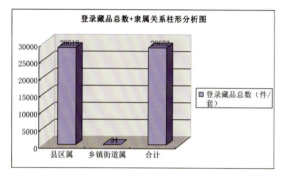

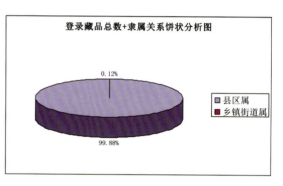

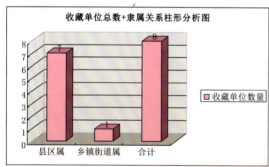

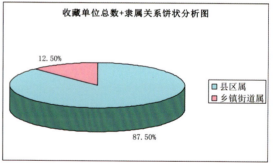

按单位类型分析，其中有博物馆、纪念馆3家，登录藏品总数28361件/套；档案馆1家，登录藏品总数10件/套，其他类型4家，登录藏品总数281件/套。

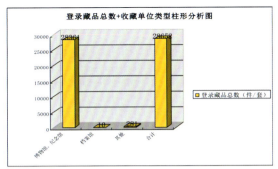

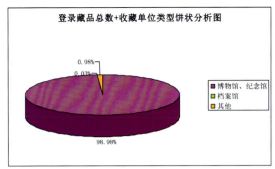

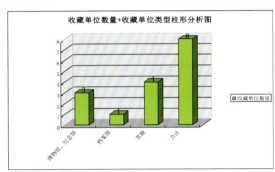

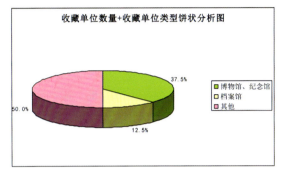

按单位性质分析，其中事业单位 7 家，登录藏品总数 28633 件／套；国有企业 1 家，登录藏品总数 19 件／套。

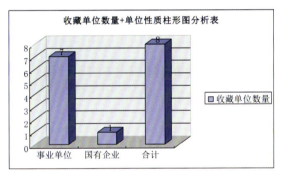

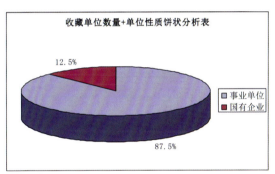

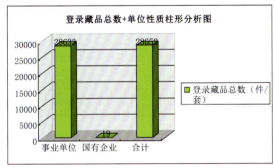

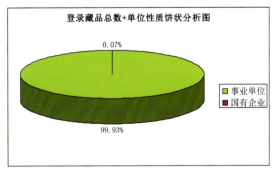

按单位所属行业、系统分析，其中房地产业 1 家，登录藏品总数 19 件／套；教育行业 1 家，登录藏品总数 226 件／套；卫生、社会保障和社会福利业 1 家，登录藏品总数 34 件／套；文化文物、体育和娱乐业 4 家，登录藏品总数 28363 件／套；公共管理和社会组织 1 家，登录藏品总数 10 件／套。

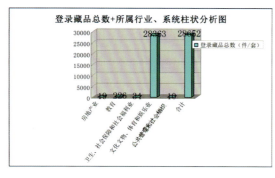

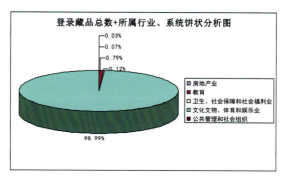

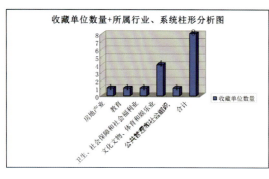

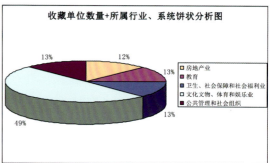

2、全面掌握国有可移动文物数量及分布，建立全区国有可移动文物名录。

按标准规范登录，其中杭州市余杭博物馆登录可移动文物藏品25010件/套，良渚博物院登录可移动文物藏品3266件/套，杭州市余杭章太炎故居纪念馆登录可移动文物藏品85件/套，杭州市瓶窑中学登录可移动文物藏品226件/套，杭州市余杭区仁和街道社区卫生服务中心登录可移动文物藏品34件/套，杭州余杭运河综合保护开发建设有限公司登录可移动文物藏品19件/套，杭州市余杭区档案局（馆）登录可移动文物藏品10件/套，杭州市余杭区塘栖剧院登录可移动文物藏品2件/套。

余杭区第一次全国可移动文物普查各单位文物藏品数量统计表

杭州市余杭博物馆	良渚博物院	杭州市余杭章太炎故居纪念馆	杭州市瓶窑中学	杭州市余杭区仁和街道社区卫生服务中心	杭州余杭运河综合保护开发建设有限公司	杭州市余杭区档案局（馆）	杭州市余杭区塘栖剧院	合计
25010	3266	85	226	34	19	10	2	28652
87.29%	11.40%	0.30%	0.79%	0.12%	0.07%	0.03%	0.01%	100.00%

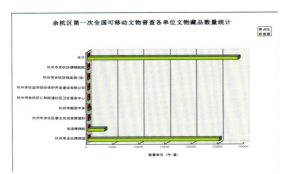

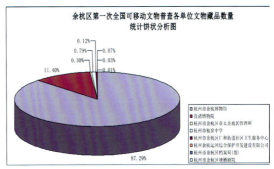

根据文物藏品的类别分析,其中玉石器、宝石3733件/套,陶器962件/套,瓷器6989件/套,铜器534件/套,金银器53件/套,铁器、其他金属器14件/套,雕塑、造像65件/套,石器、石刻、砖瓦1522件/套,书法、绘画655件/套,文具50件/套,玺印符牌426件/套,钱币13345件/套,牙骨角器18件/套,竹木雕7件/套,家具53件/套,织绣5件/套,古籍图书11件/套,碑帖拓本54件/套,武器103件/套,文件、宣传品11件/套,档案文书9件/套,名人遗物6件/套,玻璃器16件/套,皮革1件/套,度量衡器1件/套,其他9件/套。

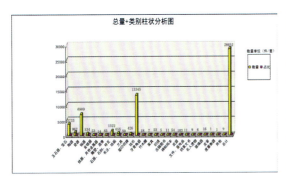

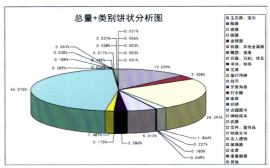

根据文物藏品的年代分析,其中新石器时代文物4901件/套,商朝50件/套,周朝427件/套,秦朝1件/套,汉朝1528件/套,三国3件/套,西晋110件/套,东晋十六国104件/套,南北朝45件/套,隋朝8件/套,唐朝798件/套,五代十国38件/套,宋朝10266件/套,金代1件/套,元朝78件/套,明朝1531件/套,清朝2545件/套,民国时期5546件/套,中华人民共和国(1949年10月1日成立)527件/套,公历纪年文物1件/套,其他文物136件/套,年代不详文物8件/套。

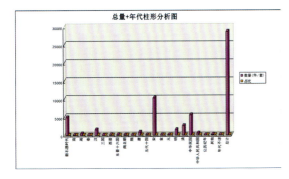

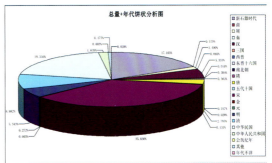

　　根据文物来源分析，其中征集购买 86 件 / 套，接受捐赠 332 件 / 套，拨交 14066 件 / 套，移交 20 件 / 套，旧藏 83 件 / 套，发掘 53 件 / 套，采集 13591 件 / 套，其他 421 件 / 套。

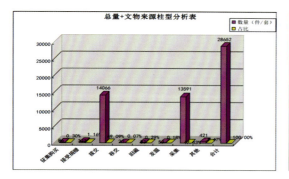 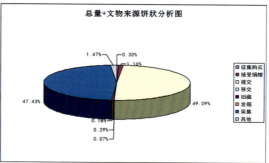

　　根据文物级别分析，其中已定级文物 2799 件 / 套（其中一级文物 39 件 / 套，二级文物 179 件 / 套，三级文物 581 件 / 套，一般文物 2000 件 / 套），未定级文物 25853 件 / 套。

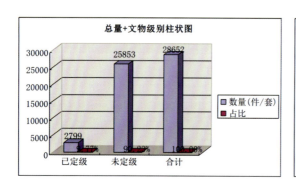 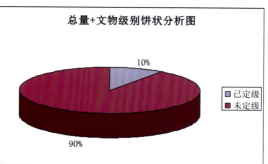

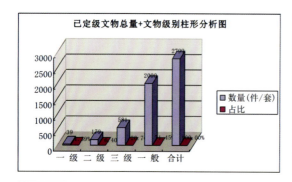 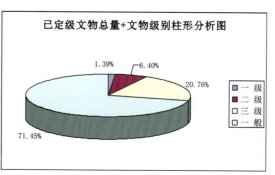

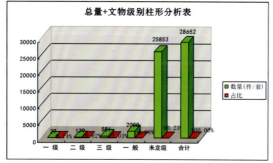 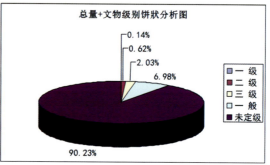

根据文物完残程度分析，其中完整 12258 件 / 套，基本完整 10461 件 / 套，残缺 5826 件 / 套，严重残缺（含缺失部件）107 件 / 套。

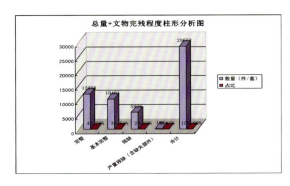

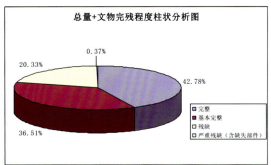

根据文物入藏时间分析，入藏时间在 1949.10.1 前的有 36 件 / 套， 1949.10.1-1965 年有 44 件 / 套， 1966-1976 年有 1379 件 / 套，1977-2000 年有 2532 件 / 套， 2001 年至今有 24661 件 / 套。

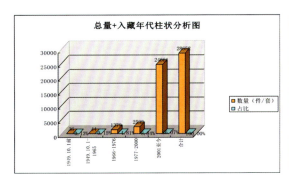

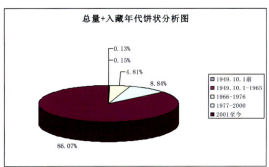

3、健全全区国有可移动文物保护体系，初步实现文物资源标准化、动态化管理。

通过余杭区第一次全国可移动文物普查，我区新发现国有文物收藏单位共计 5 家（杭州师范大学不计入），新认定文物数量共计 291 件（套）。文博系统内单位对藏品进行了清理建档，整理规范账簿，登记入账，建立藏品档案，并指导系统外单位的藏品管理和建账建档工作，进一步健全了全区国有可移动文物保护体系，完善了全区国有可移动文物档案，建立了"文物身份证"和管理体系。通过将全部普查数据登录普查网络平台，以及以后新入藏藏品数据的不断更新，基本建成全区国有可移动文物信息资源库，初步实现文物资源的标准化、动态化管理。

4、宣传发布全区普查成果，不断提升公共文化服务水平。

余杭区第一次全国可移动文物普查严格按照国家、省、市普查办的部署，遵照"宣传发动——摸底调查——集中调查——联网直报——分级审核——总结验收——成果发布"的工作流程，切合实际、成效明显，为今后的普查工作提供了宝贵经验。

在今后的文物工作中，我们将进一步加强国有文物收藏单位文物库房和陈列展示馆建设，改善文物保管条件，加强专业人才队伍建设，加大文物保护的宣传教育力度，确保全区国有可移动文物的安全。继续鼓励各单位通过自主举办展览、设置网上展厅等方式，全方位、多角度宣传展示余杭的历史文化，传播好良渚文明，让广大市民共同分享文物保护成果，真正让藏在"深闺"的馆藏文物"活"起来。

陶器

陶器

◆ 陶器由可塑性较强的粘土，通过成型、干燥及焙烧而成。

◆ 陶器出现于新石器时代初期。到了晚期，已形成不同的陶系和功能。先秦时期，江南地区形成了特有的几何纹印纹硬陶。秦汉以降，陶器渐趋式微。至明清时期，新兴的紫砂产品开辟了陶文化的新领域。

◆ 良渚文化时期陶器是本区主要的藏品之一，其数量和种类足以勾画出当时陶器谱系的框架。其中体现制陶最高水平的黑皮陶、探索文字起源的带刻画符号或图案的陶器等，更是弥足珍贵。

新石器时代·马家浜文化陶豆

藏品编号：0177

尺　　寸：高 13cm　口径 25.5cm　底径 12.1cm

具体质量：0.569 kg

文物来源：拨交（吴家埠 M20:6）

收藏单位：良渚博物院

文物来源：采集
收藏单位：杭州市余杭博物馆

新石器时代·马家浜文化牛鼻耳陶罐

藏品编号：	2452
尺　　寸：	高 27cm 口径 22cm 底径 12cm
具体质量：	0.860kg
文物来源：	采集
收藏单位：	杭州市余杭博物馆

新石器时代·马家浜文化四耳陶腰沿釜

藏品编号：2349

尺　　寸：高 41cm 口径 20cm 底径 14.3cm

具体质量：3.621kg

文物来源：采集

收藏单位：杭州市余杭博物馆

新石器时代·马家浜文化陶腰沿釜

藏品编号：1432

尺　　寸：高 15.0cm 口径 27.3cm

具体质量：0.580kg

文物来源：采集

收藏单位：杭州市余杭博物馆

新石器时代·良渚文化三足陶盆

藏品编号：2691

尺　　寸：高 14.3cm　口径 13cm

具体质量：0.120kg

文物来源：采集

收藏单位：杭州市余杭博物馆

新石器时代·良渚文化刻符弦纹黑陶罐

藏品编号：3057

尺　　寸：高 22.3cm　口径 18.6cm　底径 18cm

具体质量：0.280kg

文物来源：采集

收藏单位：杭州市余杭博物馆

新石器时代·良渚文化漆绘陶壶

藏品编号：0104

尺　　寸：高 13.5cm 口径 8.0cm 底径 6.6cm

具体质量：0.689kg

文物来源：采集

收藏单位：良渚博物院

新石器时代·良渚文化刻符陶罐

藏品编号：0094

尺　　寸：高 26.4cm　口径 12.8cm　底径 19cm

具体质量：0.893kg

文物来源：采集

收藏单位：良渚博物院

新石器时代·良渚文化双鋬黑陶罐

藏品编号：2686

尺　　寸：高 10cm　口径 20.5 ~ 22.7cm　底径 11.5cm

具体质量：0.770kg

文物来源：采集

收藏单位：杭州市余杭博物馆

新石器时代·良渚文化带盖黑陶双鼻壶

藏品编号：2651

尺　　寸：高 11.5cm 口径 6.9cm

具体质量：0.340kg

文物来源：采集

收藏单位：杭州市余杭博物馆

新石器时代·良渚文化刻纹黑陶贯耳壶

藏品编号：0393

尺　　寸：高 17cm 口径 12.2cm 底径 13.8cm

具体质量：0.874kg

文物来源：拨交（庙前 H2:50）

收藏单位：良渚博物院

新石器时代·良渚文化刻符椭圆盘黑陶豆

藏品编号：	0121
尺　　寸：	高 16.8cm　口径 19.8×12.2cm　底径 11.5cm
具体质量：	0.839kg
文物来源：	采集
收藏单位：	良渚博物院

新石器时代·良渚文化黑陶高把豆

藏品编号：5250

尺　　寸：高 22.7cm　口径 12.2cm　底径 11.8cm

具体质量：0.620kg

文物来源：拨交（万陈村 D1M13:14）

收藏单位：杭州市余杭博物馆

新石器时代·良渚文化陶簋

藏品编号：3475

尺　　寸：高 6.6cm　口径 20.5cm　底径 12.5cm

具体质量：0.320kg

文物来源：采集

收藏单位：杭州市余杭博物馆

新石器时代·良渚文化黑陶杯

藏品编号：0115	
尺　　寸：高 10.8cm　口径 8.4cm　底径 6.8cm	
具体质量：0.056kg	
文物来源：拨交（崇贤老鸦桥发掘品）	
收藏单位：良渚博物院	

新石器时代·良渚文化带流黑陶宽把杯

藏品编号：0106

尺　　寸：高 13cm　底径 6.5cm

具体质量：0.956kg

文物来源：采集

收藏单位：良渚博物院

新石器时代·良渚文化刻符黑陶带把杯

藏品编号：0122

尺　　寸：高 12cm 口径 9.2cm 底径 9.8cm

具体质量：0.658kg

文物来源：采集

收藏单位：良渚博物院

新石器时代·良渚文化陶侧把盉

藏品编号：2671

尺　　寸：高 11.8cm　口径 6.8×5cm　底径 15.8cm

具体质量：0.689kg

文物来源：采集

收藏单位：杭州市余杭博物馆

新石器时代·良渚文化陶袋足鬶

藏品编号：3003

尺　　寸：高 19.5cm　足距 16.5cm

具体质量：0.737kg

文物来源：采集

收藏单位：杭州市余杭博物馆

新石器时代·良渚文化陶过滤器

藏品编号：0389

尺　　寸：高 14cm　口径 11.8cm　底径 7.6cm

具体质量：0.689kg

文物来源：拨交（庙前 M30:7）

收藏单位：良渚博物院

新石器时代·良渚文化弦纹鱼鳍形足陶鼎

藏品编号：2611

尺　　寸：高 25.2cm　口径 17.4cm

具体质量：1.191kg

文物来源：采集

收藏单位：杭州市余杭博物馆

先秦·马桥文化黑陶瓦足盘

藏品编号：0234

尺　　寸：高 9.4cm　口径 20.3cm

具体质量：0.320kg

文物来源：采集

收藏单位：杭州市余杭博物馆

先秦·马桥文化条纹印纹陶鸭形尊

藏品编号：0243

尺　　寸：高 11.4cm　口径 9.6cm

具体质量：0.524kg

文物来源：采集

收藏单位：杭州市余杭博物馆

商·方格纹印纹陶罐

藏品编号：1957

尺　　寸：高 24cm 口径 15cm

具体质量：0.710kg

文物来源：采集

收藏单位：杭州市余杭博物馆

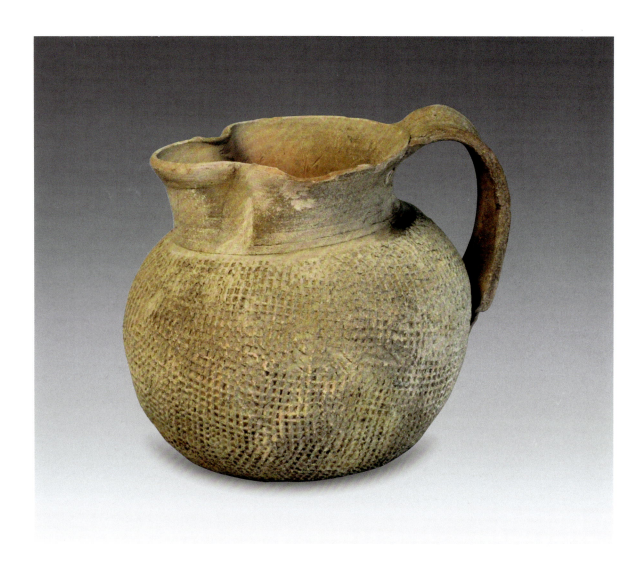

商·小方格纹带流单把印纹陶罐

藏品编号：1478

尺　　寸：高 12cm　口径 9cm

具体质量：0.180kg

文物来源：采集

收藏单位：杭州市余杭博物馆

商·刻符编织纹印纹陶三足盘

藏品编号：2048

尺　　寸：高 14.5cm　口径 34.7cm

具体质量：0.680kg

文物来源：采集

收藏单位：杭州市余杭博物馆

东汉·绿釉弦纹陶壶

藏品编号：4157

尺　　寸：高 32.7cm　口径 13cm　底径 18.7cm

具体质量：3.579kg

文物来源：采集

收藏单位：杭州市余杭博物馆

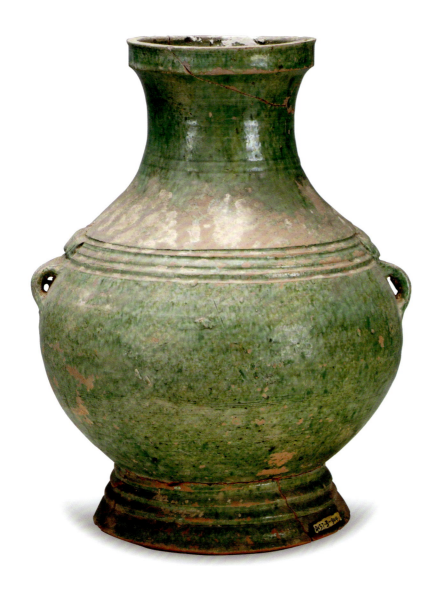

东汉·陶人物俑

藏品编号：0318
尺　　寸：高 18.2cm　肩宽 12.5cm
具体质量：0.770kg
文物来源：采集
收藏单位：杭州市余杭博物馆

六朝·陶五铢钱范

藏品编号：1682

尺　　寸：高 0.5~0.7cm　边长 5cm

具体质量：0.140kg

文物来源：采集

收藏单位：杭州市余杭博物馆

南宋·圆饼形陶窑具

藏品编号：193

尺　　寸：高 0.9cm　直径 19.2cm

具体质量：0.453kg

文物来源：采集

收藏单位：杭州市瓶窑中学

清·紫砂白果壶

藏品编号：2453

尺　　寸：高 10cm 口径 4.7cm 底径 9.5cm

具体质量：0.299kg

文物来源：采集

收藏单位：杭州市余杭博物馆

民国·梅花铭文紫砂颜料盒

藏品编号：	0006
尺　　寸：	通高 7.3cm　盒高 4.1cm　口径 14.7cm　底径 10.4cm
具体质量：	0.697kg
文物来源：	接受捐赠
收藏单位：	杭州市余杭章太炎故居纪念馆

瓷器

◆ 瓷器是以高岭土、长石和石英为原料，经轮制成型、施釉、高温烧成等工序制成的器物。

◆ 源于东苕溪流域的商代原始瓷，至战国早期，产品质量已接近成熟青瓷。战乱后的西汉原始瓷，传承与改革并举，承上启下。东汉成熟青瓷面世后，历经两晋的冷静幽玄、盛唐的丰满华贵、南宋的清淡高逸，至明清彩瓷的兴起，将中国瓷器推向历史的巅峰。

◆ 瓷器是本区又一主要藏品，占大宗的先秦至汉代的原始瓷、六朝青瓷，体现了从原始瓷到成熟青瓷的脉络。其中造型独特的东汉扁壶、具有文化宗教信息的西晋越窑堆塑罐、釉色类冰似玉的南宋龙泉窑双鱼洗，均是不同时期的上乘之作。

西周·青釉原始瓷尊

藏品编号：1816

尺　　寸：高 9cm 口径 11.9cm 底径 6.5cm

具体质量：0.280kg

文物来源：采集

收藏单位：杭州市余杭博物馆

战国·青绿釉原始瓷兽面鼎

藏品编号：2254

尺　　寸：高 11.8cm　口径 12.5cm

具体质量：0.560kg

文物来源：拨交（崇贤笆斗山发掘品）

收藏单位：杭州市余杭博物馆

战国·青黄釉带盖原始瓷提梁盉

藏品编号：2229

尺　　寸：通高 21.5cm　口径 6.5cm　底径 10.4cm

具体质量：1.227kg

文物来源：采集

收藏单位：杭州市余杭博物馆

战国·联珠纹原始瓷甬钟

藏品编号：2076

尺　　寸：高 8.3cm　铣距 13.6×11.6cm　舞径 3.2cm

具体质量：0.880kg

文物来源：拨交（崇贤笆斗山发掘品）

收藏单位：杭州市余杭博物馆

战国·青黄釉原始瓷悬铃

藏品编号：4283

尺　　寸：通高 9.8cm　底径 9.2cm

具体质量：0.324kg

文物来源：拨交（大陆石马斗发掘品）

收藏单位：杭州市余杭博物馆

西汉·青黄釉原始瓷盖鼎

藏品编号：5842

尺　　寸：通高 19.8cm　口径 15.2cm　底径 12cm

具体质量：0.690kg

文物来源：拨交（余杭义桥 M37:3）

收藏单位：杭州市余杭博物馆

西汉·青黄釉贴衔环耳原始瓷盘口壶

藏品编号：0278

尺　　寸：高 38cm 口径 13cm 底径 13.3cm

具体质量：1.760kg

文物来源：采集

收藏单位：杭州市余杭博物馆

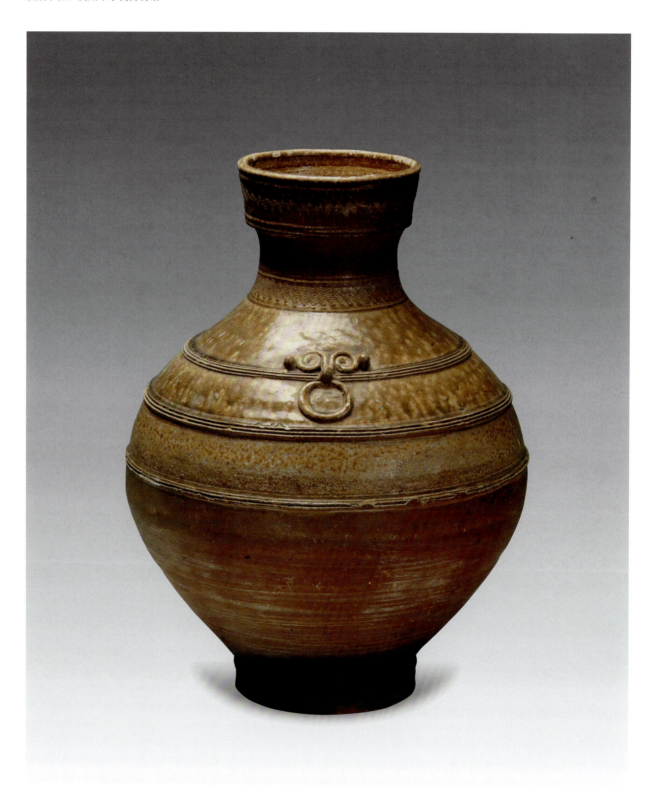

西汉·青黄釉原始瓷三足盆式薰

藏品编号：4148

尺　　寸：高 12.7cm　口径 6.5cm　底径 18.5cm

具体质量：2.852kg

文物来源：拨交

收藏单位：杭州市余杭博物馆

西汉·褐釉人物螭纹原始瓷灶

藏品编号：1120	
尺　　寸：通高 5cm　长 12cm　前宽 8cm	
具体质量：0.378kg	
文物来源：采集	
收藏单位：杭州市余杭博物馆	

东汉·酱色釉弦纹瓷罐

藏品编号：0275

尺　　寸：高 16cm　口径 10.7cm　底径 9.7cm

具体质量：0.110kg

文物来源：采集

收藏单位：杭州市余杭博物馆

东汉·青釉水波纹衔环耳瓷扁壶

藏品编号：2711

尺　　寸：高28cm 口径6cm 底径13.7×9.5cm

具体质量：1.368kg

文物来源：拨交（长命反山M1:1）

收藏单位：杭州市余杭博物馆

东汉·酱褐釉人物堆塑瓷五管瓶

藏品编号：0327

尺　　寸：高 26.5cm　口径 5.3cm　底径 12.8cm

具体质量：0.720kg

文物来源：采集

收藏单位：杭州市余杭博物馆

三国·酱褐釉钱纹瓷罐

藏品编号：3108

尺　　寸：高 22.1cm 口径 11cm 底径 14cm

具体质量：0.420kg

文物来源：拨交（临平黄泥坝发掘品）

收藏单位：杭州市余杭博物馆

西晋·青釉联珠纹瓷鸡首壶

藏品编号：1806

尺　　寸：高 9.5cm　口径 5.9cm　底径 5.5cm

具体质量：0.140kg

文物来源：采集

收藏单位：杭州市余杭博物馆

西晋·青釉网格联珠纹贴佛像瓷簋

藏品编号：0302

尺　　寸：高 9.7cm　口径 19.2cm　底径 12.8cm

具体质量：1.089kg

文物来源：采集

收藏单位：杭州市余杭博物馆

西晋·青釉堆塑龙纹人物形柱瓷灯盏

藏品编号：4118

尺　　寸：残高 19.5cm　底径 14.5cm

具体质量：1.655kg

文物来源：采集

收藏单位：杭州市余杭博物馆

西晋·青釉耍杂人物堆塑瓷罐

藏品编号：2492

尺　　寸：高 40.5cm 底径 14.2cm

具体质量：2.650kg

文物来源：采集

收藏单位：杭州市余杭博物馆

西晋·青釉狮形瓷烛台

藏品编号：	0305
尺　　寸：	高 11.3cm　长 16.3cm　宽 8.5cm
具体质量：	0.120kg
文物来源：	拨交（临平黄泥坝发掘品）
收藏单位：	杭州市余杭博物馆

南朝·青釉莲瓣纹瓷碗

藏品编号：3072

尺　　寸：高 7.8cm　口径 16.3cm　底径 7.7cm

具体质量：0.290kg

文物来源：采集

收藏单位：杭州市余杭博物馆

东晋·黑釉瓷鸡首壶

藏品编号：0285

尺　　寸：高 23.8cm　口径 9.5cm　底径 12cm

具体质量：0.135kg

文物来源：采集

收藏单位：杭州市余杭博物馆

东晋·青釉点褐彩瓷盘口壶

藏品编号：0287
尺　　寸：高 23.6cm　口径 12.5cm　底径 11cm
具体质量：0.210kg
文物来源：采集
收藏单位：杭州市余杭博物馆

东晋·黑釉瓷唾壶

藏品编号：0289

尺　　寸：高 9.1cm　口径 7.7cm　底径 9.7cm

具体质量：0.260kg

文物来源：采集

收藏单位：杭州市余杭博物馆

北宋·龙泉窑青釉刻划花纹瓷碗

藏品编号：0332
尺　　寸：高 6.5cm　口径 15.1cm　底径 4.5cm
具体质量：0.660kg
文物来源：采集
收藏单位：杭州市余杭博物馆

唐·青釉双层屋顶盖瓷谷仓罐

藏品编号：001

尺　　寸：通高 69cm　口径 16cm　底径 19.2cm

具体质量：1.543kg

文物来源：征集购买

收藏单位：杭州余杭运河综合保护开发建设有限公司

南宋·龙泉窑青釉牡丹纹瓷盖罐

藏品编号：0336

尺　　寸：通高 13.5cm　口径 6.5cm　底径 6.2cm

具体质量：0.650kg

文物来源：采集

收藏单位：杭州市余杭博物馆

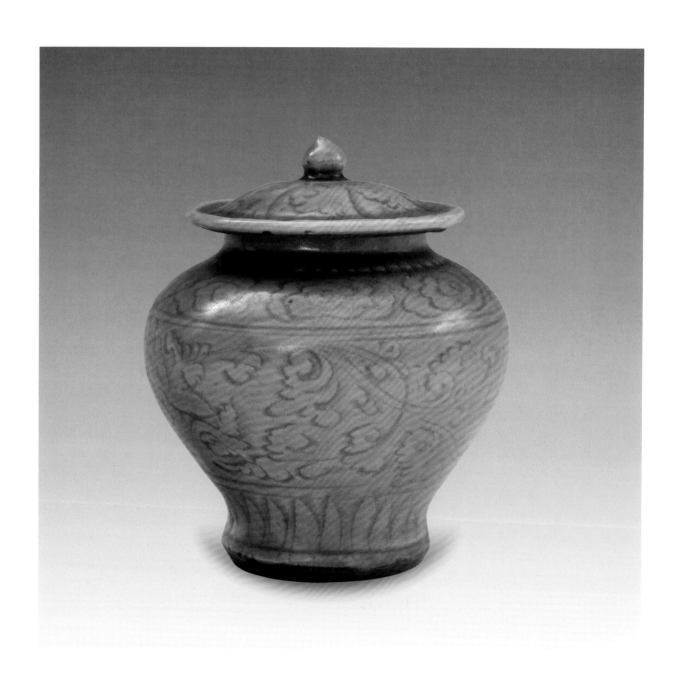

南宋·龙泉窑青釉双鱼纹瓷洗

藏品编号：1217

尺　　寸：高 4.2cm　口径 13.6cm　底径 6.4cm

具体质量：0.180kg

文物来源：采集

收藏单位：杭州市余杭博物馆

南宋·青釉瓷花盆

藏品编号：043

尺　　寸：高 7.7cm　口径 10.2cm　底径 7.3cm

具体质量：0.248kg

文物来源：采集

收藏单位：杭州市瓶窑中学

宋·褐釉带盖瓷多角瓶

藏品编号：019

尺　　寸：通高 42cm　口径 10.5cm　底径 12.2cm

具体质量：0.876kg

文物来源：征集购买

收藏单位：杭州余杭运河综合保护开发建设有限公司

宋·青白釉龙纹人物堆塑带盖瓷瓶

藏品编号：018

尺　　寸：通高 53cm　口径 6.6cm　底径 8cm

具体质量：1.492kg

文物来源：征集购买

收藏单位：杭州余杭运河综合保护开发建设有限公司

元·龙泉窑青釉菊瓣纹瓷盘

藏品编号：1350

尺　　寸：高 5.2cm 口径 32.3cm 底径 15cm

具体质量：0.240kg

文物来源：拨交

收藏单位：杭州市余杭博物馆

明·酱褐釉瓜棱肩瓷罐

藏品编号：133

尺　　寸：高 18.9cm 口径 8.6cm 底径 11.5cm

具体质量：0.797kg

文物来源：采集

收藏单位：杭州市瓶窑中学

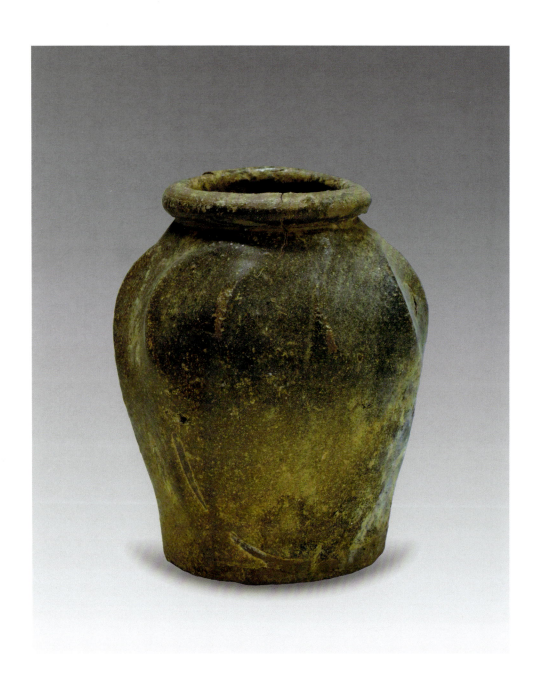

明·青花釉麒麟纹带盖瓷莲子罐

藏品编号：1676

尺　　寸：通高 21cm　口径 7.9cm　底径 6.8cm

具体质量：0.580kg

文物来源：采集

收藏单位：杭州市余杭博物馆

明·哥釉凤耳瓷杯

藏品编号：3505

尺　　寸：高 6.9cm　口径 8.2cm　底径 5.4cm

具体质量：0.180kg

文物来源：拨交（安溪南山林场 M1:1）

收藏单位：杭州市余杭博物馆

清·青花釉菊花纹瓷盖罐

藏品编号：1363

尺　　寸：通高 38cm　口径 13.2cm　底径 17.8cm

具体质量：3.740kg

文物来源：采集

收藏单位：杭州市余杭博物馆

清·青釉桃形倒流瓷壶

藏品编号：0335

尺　　寸：高 14cm　口径 1.2cm　底径 8.7cm

具体质量：0.620kg

文物来源：采集

收藏单位：杭州市余杭博物馆

清·青花釉人物花卉纹瓷花插

藏品编号：3228

尺　　寸：高 22cm 底径 12.2cm

具体质量：1.499kg

文物来源：拨交

收藏单位：杭州市余杭博物馆

清·粉彩人物故事纹瓷多子杯

藏品编号：1283

| 尺　　寸： | 高 6cm　口径 10.9cm　底径 5.8cm |

具体质量：0.230kg

文物来源：拨交

收藏单位：杭州市余杭博物馆

民国·青花釉牡丹纹瓷中药罐

藏品编号：019

尺　　寸：高 22.7cm　口径 9.2cm　底径 16.7cm

具体质量：1.943kg

文物来源：旧藏

收藏单位：杭州市余杭区仁和街道社区卫生服务中心

铜器

◆ 青铜器是以红铜、锡与铅为合金，经过一套复杂而特殊的工序制成的金属制品。

◆ 青铜器滥觞于夏代，鼎盛于商周。秦汉时逐渐被陶瓷器所替代，仅有铜镜一枝独秀，连绵不绝。浙江的会稽镜、湖州镜曾经名噪一时。

◆ 本区所藏青铜器较少，除部分春秋战国时期的工具和兵器外，主要是宋、明两代的铜镜。其中东汉贞夫画像镜是我省唯一以韩朋和贞夫爱情故事为题材的铜镜。

商·有段铜锛

藏品编号：0833

尺　　寸：长 9.5cm　刃宽 5.1cm　厚 1.0cm

具体质量：0.270kg

文物来源：采集

收藏单位：杭州市余杭博物馆

战国·铜铲

藏品编号：1703

尺　　寸：高 7.3cm　刃宽 7.1cm　銎径 3.6cm

具体质量：0.122kg

文物来源：拣选

收藏单位：杭州市余杭博物馆

战国·铜锛

藏品编号：1702

尺　　寸：高 10.7cm　口径 9cm　銎径 4.5cm

具体质量：0.201kg

文物来源：拣选

收藏单位：杭州市余杭博物馆

战国·铜镰

藏品编号：2975

尺　　寸：高 5.6cm　长 14.2cm　厚 0.3cm

具体质量：0.006kg

文物来源：采集

收藏单位：杭州市余杭博物馆

战国·铜削

藏品编号：0167	
尺　　寸：刃长 21cm　把长 12.1cm　刃宽 2.2cm	
具体质量：0.160kg	
文物来源：拣选	
收藏单位：杭州市余杭博物馆	

西汉·铭文铜行灯

藏品编号：0170

尺　　寸：高 7.9cm　长 13.2cm　宽 10cm

具体质量：0.190kg

文物来源：拣选

收藏单位：杭州市余杭博物馆

西汉·四虺四乳纹铜镜

藏品编号：3704

尺　　寸：直径 11.4cm

具体质量：0.348kg

文物来源：拨交（长命姜介山 M1:20）

收藏单位：杭州市余杭博物馆

东汉·变形四叶夔纹铜镜

藏品编号：1608

尺　　寸：直径 11.2cm

具体质量：0.197kg

文物来源：拣选

收藏单位：杭州市余杭博物馆

东汉·龙虎纹铜镜

藏品编号：0179

尺　　寸：直径 19.2cm

具体质量：0.170kg

文物来源：采集

收藏单位：杭州市余杭博物馆

汉·铜耳杯

藏品编号：	0799
尺　　寸：	高 2cm　口长 5.4cm　口宽 3.6cm
具体质量：	0.039kg
文物来源：	采集
收藏单位：	杭州市余杭博物馆

汉·铜带钩

藏品编号：2465

尺　　寸：长 8cm 宽 1.5cm

具体质量：0.340kg

文物来源：采集

收藏单位：杭州市余杭博物馆

三国·吴同向式神兽纹铭文铜镜

藏品编号：5922

尺　　寸：直径 12.3cm

具体质量：0.240kg

文物来源：拨交（余杭义桥 M20:7）

收藏单位：杭州市余杭博物馆

晋·铜鐎斗

藏品编号：3020

尺　　寸：高 22.5cm 口径 22.9cm

具体质量：0.690kg

文物来源：采集

收藏单位：杭州市余杭博物馆

六朝·三足铜盉

藏品编号：3344
尺　　寸：高 17.2cm　口径 7.6cm
具体质量：1.768kg
文物来源：拣选
收藏单位：杭州市余杭博物馆

六朝·铜熨斗

藏品编号：2882

尺　　寸：长 47.3cm 口径 16.4cm

具体质量：0.360kg

文物来源：采集

收藏单位：杭州市余杭博物馆

唐·双鸾纹葵花形铜镜

藏品编号：0195

尺　　寸：直径 16cm

具体质量：0.170kg

文物来源：拣选

收藏单位：杭州市余杭博物馆

唐·胡人献宝铜带饰板

藏品编号：	0225
尺　　寸：	高 3.6cm　宽 4cm
具体质量：	0.020kg
文物来源：	拣选
收藏单位：	杭州市余杭博物馆

南宋·麻姑献寿菱花纹铜镜

藏品编号：4322

尺　　寸：直径 26.5cm

具体质量：1.893kg

文物来源：旧藏

收藏单位：杭州市余杭博物馆

明·景泰蓝龙纹杯

藏品编号：0861

尺　　寸：高 5.2cm 口径 7cm 底径 2.5cm

具体质量：0.143kg

文物来源：采集

收藏单位：杭州市余杭博物馆

明·四童戏花纹铜镜

藏品编号：0792

尺　　寸：直径 13.6cm

具体质量：0.152kg

文物来源：拣选

收藏单位：杭州市余杭博物馆

明·铜诞生佛

藏品编号：0859
尺　　寸：高 12cm
具体质量：0.225kg
文物来源：拣选
收藏单位：杭州市余杭博物馆

清·铜香炉

藏品编号：1429

尺　　寸：高 14cm 口径 18.9cm

具体质量：4.072kg

文物来源：拣选

收藏单位：杭州市余杭博物馆

清·玉佛手头铜锥形簪

藏品编号：1696

尺　　寸：长 11.6cm　直径 0.9cm

具体质量：0.027kg

文物来源：采集

收藏单位：杭州市余杭博物馆

19 世纪·日本"唐"款带柄铜镜

藏品编号：	0780
尺　　寸：	直径 14.2cm　长 23.2cm
具体质量：	0.405kg
文物来源：	拣选
收藏单位：	杭州市余杭博物馆

铁器

◆ 铁器是以铁矿石冶炼加工制成的金属器。

◆ 西周末年已开始大规模冶炼铁器并将其运用到生产和生活中。早期铁器多为刀、削之类的小工具。东周起，种类大增，并以农具占大宗，另有兵器、杂器等。

◆ 本区馆藏铁器寥若晨星，所藏西汉四鋬铁釜，品相之好，实属难得。

战国·铁犁

藏品编号：3263

尺　　寸：高 10.5cm　刃宽 7.5cm　銎宽 6.6cm

具体质量：0.075kg

文物来源：采集

收藏单位：杭州市余杭博物馆

西汉·四鋬铁釜

藏品编号：3342
尺　　寸：高 32cm 口径 27cm 腹径 43.4cm
具体质量：22.310kg
文物来源：采集
收藏单位：杭州市余杭博物馆

西汉·铁锸

藏品编号：3308

尺　　寸：高 14.5cm　刃宽 15.1cm　銎径 14.9×2.5cm

具体质量：0.443kg

文物来源：采集

收藏单位：杭州市余杭博物馆

东汉·铁鼎

藏品编号：5632

尺　　寸：高 29.7cm　口径 29.8cm

具体质量：3.680kg

文物来源：拨交

收藏单位：杭州市余杭博物馆

明·宣德十年乙卯铁云板

藏品编号：0001

尺　　寸：高92cm　宽82cm　厚3.1cm

具体质量：40kg

文物来源：拨交

收藏单位：杭州市余杭章太炎故居纪念馆

金银器

◆ 我国的金、银器分别出现于夏代和春秋时期，其使用和控制，经历了由上层社会转向商品化和社会化的过程。

◆ 汉以前，金银器的设计和制作工艺已是十分高超，唐代则达到了历史的巅峰。宋代，转向社会化的金银器，摒弃了唐代的华丽传统，形成素雅和富有生活气息的风格。明代，器物注重造型庄重，雕镂精细，有的镶嵌五光十色的珍珠宝石。清代，多趋于繁富华丽、精细琐碎，追求艳丽妍美的色彩，崇尚式样的奇异。

◆ 在本区凤毛麟角的金银器藏品中，工艺精湛的人物故事金发饰、双球金耳坠，是不可多得的明代金饰品。

西晋·银环

藏品编号：5924

尺　　寸：直径 6.5cm

具体质量：0.110kg

文物来源：拨交（余杭义桥 M20:11）

收藏单位：杭州市余杭博物馆

宋·金臂钏

藏品编号：3232

尺　　寸：高 0.6cm　直径 6cm

具体质量：0.043kg

文物来源：采集

收藏单位：杭州市余杭博物馆

宋·金钗

藏品编号：3235

尺　　寸：长 16.8cm

具体质量：0.028kg

文物来源：采集

收藏单位：杭州市余杭博物馆

宋·錾花花卉纹金戒指

藏品编号：3238

尺　　寸：高 0.9cm　直径 1.3cm

具体质量：0.004kg

文物来源：采集

收藏单位：杭州市余杭博物馆

明·人物故事金发饰

藏品编号：4379

尺　　寸：长 3.8cm 宽 4.9cm；　长 3.8cm 宽 5.1cm

具体质量：0.037kg

文物来源：采集

收藏单位：杭州市余杭博物馆

明·镂空葫芦形金耳坠

藏品编号：	4376
尺　　寸：	高 4.2cm
具体质量：	0.017kg
文物来源：	采集
收藏单位：	杭州市余杭博物馆

明·鸳鸯纹金钮扣

藏品编号：0118

尺　　寸：宽 3.3cm 高 1.3cm

具体质量：0.003kg

文物来源：拨交

收藏单位：杭州市余杭博物馆

明·金戒指

藏品编号：4382
尺　　寸：直径 0.4cm
具体质量：0.005kg
文物来源：采集
收藏单位：杭州市余杭博物馆

明·嵌绿松石包金银发簪

藏品编号：	0119
尺　寸：	长 12.2cm
具体质量：	0.023kg
文物来源：	拨交
收藏单位：	杭州市余杭博物馆

明·金钗

藏品编号：4378

尺　　寸：长9cm

具体质量：0.005kg

文物来源：采集

收藏单位：杭州市余杭博物馆

清·鎏金如意纹银发簪

藏品编号：1686

尺　　寸：长14.7cm　宽1.4cm

具体质量：0.023kg

文物来源：拨交

收藏单位：杭州市余杭博物馆

清·鎏金錾花花卉纹银发簪

藏品编号：1687

尺　　寸：长 13.2cm　宽 1.3cm

具体质量：0.013kg

文物来源：拨交

收藏单位：杭州市余杭博物馆

清·鎏金錾花花卉纹银耳环

藏品编号：1689

尺　　寸：长 7.8cm　宽 1cm

具体质量：0.004kg

文物来源：拨交

收藏单位：杭州市余杭博物馆

清·錾花花卉纹银耳挖

藏品编号：1691

尺　　寸：长 12.5cm 宽 0.4cm

具体质量：0.006kg

文物来源：拨交

收藏单位：杭州市余杭博物馆

清·鎏金錾花蝙蝠纹银锁片

藏品编号：1693

尺　　寸：高 6.7cm　宽 6.9cm

具体质量：0.025kg

文物来源：拨交

收藏单位：杭州市余杭博物馆

砖石石
瓦刻器

石器
石刻 砖瓦

◆ 石器是利用自然块石通过修整、切割、磨光等处理的用具。主要使用于史前社会，此后则因金属器的取代而若隐若现。

◆ 砖瓦是古建筑的组成部分，在东周时期遗址中已有发现，目前保留的砖多为西汉以降的墓砖。瓦当是筒瓦顶端的下垂部分，具有保护飞檐和美化屋面的作用。其装饰题材，以秦汉最为广泛，并有较多的吉祥语。六朝时以卷云纹为主。唐代盛行莲花纹。宋代出现兽面纹。明清时期多见蟠龙纹。

◆ 大量的良渚石器、丰富的六朝画像和文字砖，是本区藏品特色之一。前者对于研究良渚石器的岩性、种类、制作方式等具有重要意义；后者既填补了我省六朝画像砖的空白，更是时人精神生活的真实写照。

新石器时代·良渚文化石钺

藏品编号：0361

尺　　寸：长 14cm　刃宽 7.8cm　厚 0.7cm

具体质量：0.650kg

文物来源：采集

收藏单位：杭州市余杭博物馆

新石器时代·良渚文化石钺

藏品编号：0058

尺　　寸：长 12.5cm　刃宽 16.5cm　厚 1.6cm

具体质量：0.257kg

文物来源：采集

收藏单位：良渚博物院

新石器时代·石斧

藏品编号：3665

尺　　寸：长 13.0cm 刃宽 5.5cm 厚 4.8cm

具体质量：0.252kg

文物来源：采集

收藏单位：杭州市余杭博物馆

新石器时代·良渚文化有段石锛

藏品编号：0410
尺　　寸：长 15.9cm　刃宽 3.7cm　厚 2.4cm
具体质量：0.960kg
文物来源：采集
收藏单位：杭州市余杭博物馆

新石器时代·良渚文化石锛

藏品编号：0068

尺　　寸：长 10cm　刃宽 5.4cm　厚 0.9cm

具体质量：0.258kg

文物来源：采集

收藏单位：良渚博物院

新石器时代·良渚文化石凿

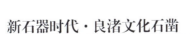

藏品编号：0058

尺　　寸：长 14.7cm　刃宽 1.2cm　厚 2.4cm

具体质量：0.130kg

文物来源：采集

收藏单位：杭州市余杭博物馆

新石器时代·良渚文化石犁

藏品编号：	0071
尺　　寸：	高 28.5cm　长 33.6cm　厚 0.8cm
具体质量：	1.246kg
文物来源：	拨交
收藏单位：	良渚博物院

新石器时代·良渚文化三角形石破土器

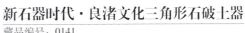

藏品编号：0141

尺　　寸：长 38cm　宽 30.5cm　厚 0.7cm

具体质量：0.603kg

文物来源：采集

收藏单位：良渚博物院

新石器时代·良渚文化斜把石破土器

| 藏品编号：0062 |
| 尺　　寸：高 26cm 通宽 21cm 厚 2.2cm |
| 具体质量：1.223kg |
| 文物来源：采集 |
| 收藏单位：良渚博物院 |

新石器时代·良渚文化石刀

藏品编号：2637

尺　　寸：高 14.7cm 刃宽 29.5cm 厚 1.1cm

具体质量：0.190kg

文物来源：采集

收藏单位：杭州市余杭博物馆

新石器时代·良渚文化石耘田器

藏品编号：0056

尺　　寸：长 12.5cm　宽 4.3cm　厚 0.4cm

具体质量：0.034kg

文物来源：采集

收藏单位：良渚博物院

新石器时代·良渚文化三角形石耘田器

藏品编号：0074
尺　　寸：长 11.6cm 宽 5.6cm 厚 0.6cm
具体质量：0.043kg
文物来源：采集
收藏单位：良渚博物院

新石器时代·良渚文化石镰

藏品编号：0064

尺　　寸：长 14cm　宽 4.3cm　厚 1cm

具体质量：0.452kg

文物来源：采集

收藏单位：良渚博物院

新石器时代·良渚文化双孔石刀

藏品编号：2408
尺　　寸：高 10cm　宽 27cm　厚 0.8cm
具体质量：0.110kg
文物来源：采集
收藏单位：杭州市余杭博物馆

新石器时代·良渚文化石镞

藏品编号：0065

尺　　寸：长 12cm 宽 2cm 厚 1.2cm

具体质量：0.029kg

文物来源：采集

收藏单位：良渚博物院

先秦时期·马桥文化石犁

藏品编号：0072

尺　　寸：长44cm 宽21.5cm 厚1.47cm

具体质量：0.500kg

文物来源：采集

收藏单位：良渚博物院

先秦时期·马桥文化靴形石刀

藏品编号：0091	
尺　　寸：长 15.5cm 宽 15.4cm 厚 0.7cm	
具体质量：0.199kg	
文物来源：采集	
收藏单位：良渚博物院	

先秦时期·马桥文化半月形双孔石刀

藏品编号：0067

尺　　寸：高 4.2cm　长 13.3cm　厚 0.4cm

具体质量：0.052kg

文物来源：采集

收藏单位：良渚博物院

商·石钺

藏品编号：3267

尺　　寸：长 14.7cm 宽 9.2cm 厚 1.2cm

具体质量：0.237kg

文物来源：采集

收藏单位：杭州市余杭博物馆

商·石戈

藏品编号：3111

尺　　寸：长 31.4cm 栏宽 8cm 内宽 4.4cm 厚 2.1cm

具体质量：0.330kg

文物来源：采集

收藏单位：杭州市余杭博物馆

商·石戈

藏品编号：2451

尺　　寸：长 31.3cm　宽 7.7cm　厚 0.8cm

具体质量：0.120kg

文物来源：采集

收藏单位：杭州市余杭博物馆

商·石矛

藏品编号：1883

尺　　寸：长24cm　宽6.6cm　厚1.5cm

具体质量：0.260kg

文物来源：采集

收藏单位：杭州市余杭博物馆

唐·莲瓣纹瓦当

藏品编号：2997

尺　　寸：直径 14.6cm

具体质量：0.598kg

文物来源：采集

收藏单位：杭州市余杭博物馆

宋·荷花叶纹陶瓦当

藏品编号：1031

尺　　寸：直径 13cm

具体质量：0.401kg

文物来源：采集

收藏单位：杭州市余杭博物馆

玉石器 宝石

◆ 玉有软硬之分，硬玉的主要成分是硅酸钠、铝和一定的氧。软玉则是钙和镁的硅酸盐矿物。宝石亦分为两类，即依靠动、植物形成的有机宝石和具有美观、坚硬、稀有特点的无机宝石。

◆ 玉器源于新石器时代，至良渚文化阶段，用玉的理念、制作工艺、类别数量等，达到了登峰造极的境界，故有学者提出"玉器时代"的概念。至隋唐，随着玉器的商品化和世俗化，吉祥和喜庆成为玉器制作的主要准则。传统的玉礼器则止步于皇家宫廷之内。

◆ 本区馆藏良渚玉器数量之多、质量之精、类别之广、等级之高，在全国享有极高的声誉，是良渚玉器研究的宝藏。

新石器时代·良渚文化兽面纹玉琮

藏品编号：2784

尺　　寸：高 6.1cm　射径 12.6cm　孔径 5.8cm

具体质量：0.450kg

文物来源：拨交（瑶山出土）

收藏单位：杭州市余杭博物馆

新石器时代·良渚文化兽面纹镯式玉琮

藏品编号：3619

尺　　寸：高 3.2cm　射径 8.4cm　孔径 6.2cm

具体质量：0.210kg

文物来源：拨交（汇观山 M2:34）

收藏单位：杭州市余杭博物馆

新石器时代·良渚文化神人兽面纹玉琮

藏品编号：2789	
尺　　寸：高 5.9cm　射径 7cm　孔径 5.8cm	
具体质量：0.540kg	
文物来源：拨交	
收藏单位：杭州市余杭博物馆	

新石器时代·良渚文化神人纹玉琮

藏品编号：0888

尺　　寸：高 4.2cm　射径 11.4 ～ 11.7cm　孔径 6.4cm

具体质量：0.964kg

文物来源：拨交（瑶山 M7:50）

收藏单位：良渚博物院

新石器时代·良渚文化刻鸟立高台符玉璧

藏品编号：2232
尺　　寸：直径 23.6 ~ 24.1cm 孔径 5cm 厚 1.5cm
具体质量：2.029kg
文物来源：征集购买
收藏单位：良渚博物院

新石器时代·良渚文化玉钺

藏品编号：0876

尺　　寸：长 16.3cm 上端宽 10.3cm 刃宽 1.3cm 孔径 1.5cm

具体质量：0.247kg

文物来源：拨交（瑶山 M7:32）

收藏单位：良渚博物院

新石器时代·良渚文化刻纹玉钺冠饰

藏品编号：0877

尺　　寸：高 6.7cm　宽 7.7cm　厚 1.5cm

具体质量：0.111kg

文物来源：拨交（瑶山 M7:31）

收藏单位：良渚博物院

新石器时代·良渚文化刻纹玉钺端饰

藏品编号：0878

尺　　寸：宽 7.5cm 高 3.5cm 厚 3.4cm

具体质量：0.085kg

文物来源：拨交（瑶山 M7:33）

收藏单位：良渚博物院

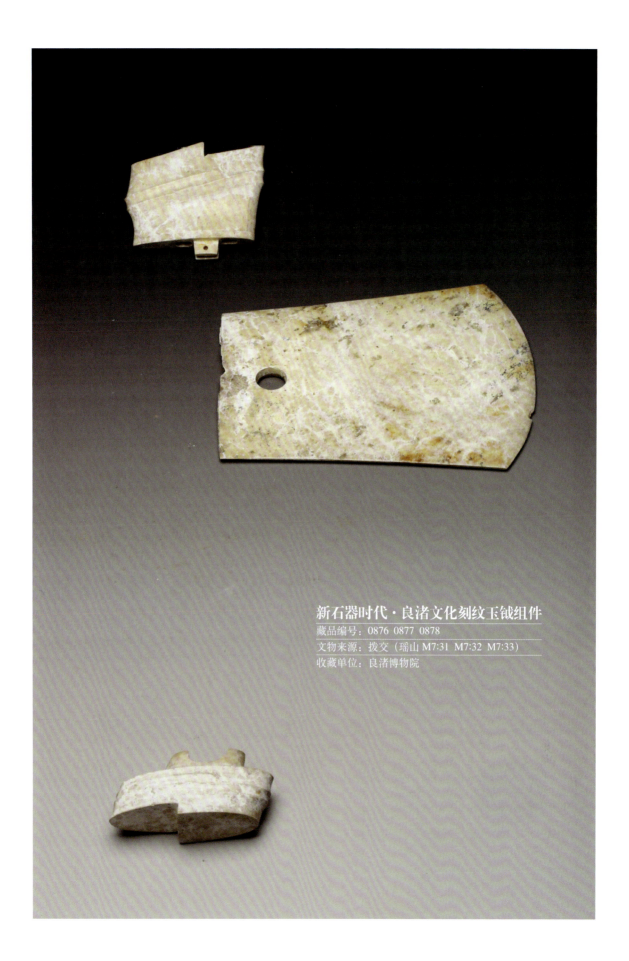

新石器时代·良渚文化刻纹玉钺组件

藏品编号：0876 0877 0878

文物来源：拨交（瑶山 M7:31 M7:32 M7:33）

收藏单位：良渚博物院

新石器时代·良渚文化玉钺

藏品编号：3963

尺　　寸：长 13.6cm　刃宽 10.4cm　厚 0.7cm

具体质量：0.331kg

文物来源：拨交（星桥横山 M2:40）

收藏单位：杭州市余杭博物馆

新石器时代·良渚文化兽面纹玉管

藏品编号：1895

尺　　寸：长 6.75cm　直径 1.5cm

具体质量：0.020kg

文物来源：拨交（瑶山 M2:7）

收藏单位：良渚博物院

新石器时代·良渚文化兽面纹玉管

藏品编号：0038

尺　　寸：长 8.23cm 底端直径 1.18 ~ 1.22cm

具体质量：0.012kg

文物来源：采集

收藏单位：良渚博物院

新石器时代·良渚文化神人纹玉琮式管

藏品编号：1519

尺　　寸：高 9.25cm　上端径 1.8~1.9cm　射孔外径约 0.8cm

具体质量：0.072kg

文物来源：拨交（反山 M14:117）

收藏单位：良渚博物院

新石器时代·良渚文化兽面纹玉梳背

藏品编号：1584

尺　寸：高 5.97cm　宽 9.15cm　厚 0.55cm

具体质量：0.055kg

文物来源：拨交（反山 M17:8）

收藏单位：良渚博物院

新石器时代·良渚文化镂孔神人纹玉梳背

藏品编号：2522

尺　　寸：高 3.8cm　宽 6.7cm　厚 0.35cm

具体质量：0.014kg

文物来源：拨交（反山 M15:7）

收藏单位：良渚博物院

新石器时代·良渚文化兽面纹玉璜

| 藏品编号：2777 |
| 尺　　寸：高 5.4cm　上宽 11.7cm　厚 0.6cm |
| 具体质量：0.120kg |
| 文物来源：采集 |
| 收藏单位：杭州市余杭博物馆 |

新石器时代·良渚文化兽面纹玉璜

藏品编号：2976

尺　　寸：高 5.75cm　宽 13.88cm　厚 0.8cm

具体质量：0.117kg

文物来源：拨交（反山 M23:67）

收藏单位：良渚博物院

新石器时代·良渚文化玉玦

藏品编号：2108

尺　　寸：直径 5.9cm　厚 0.3cm

具体质量：0.710kg

文物来源：拨交

收藏单位：杭州市余杭博物馆

新石器时代·良渚文化兽面纹玉三叉形器

藏品编号：3927

尺　　寸：高 4.4cm 宽 6.8cm 厚 1.8cm

具体质量：0.012kg

文物来源：拨交（星桥横山 M2:4）

收藏单位：杭州市余杭博物馆

新石器时代·良渚文化神人兽面纹玉三叉形器

藏品编号：0905

尺　　寸：高 4.8cm　宽 8.5cm　厚 0.8cm

具体质量：0.047kg

文物来源：拨交（瑶山 M7:26）

收藏单位：良渚博物院

新石器时代·良渚文化龙首纹玉圆牌

藏品编号：1901

尺　　寸：直径 4.1cm　孔径 1.2cm　厚 1.1cm

具体质量：0.033kg

文物来源：拨交（瑶山 M2:17）

收藏单位：良渚博物院

新石器时代·良渚文化玉瑗

藏品编号：	0030
尺　　寸：	直径 11.5cm　内径 5.5cm　厚 0.9cm
具体质量：	0.181kg
文物来源：	采集
收藏单位：	良渚博物院

新石器时代·良渚文化玉镯

藏品编号：0020

尺　　寸：高 2cm　直径 7.9cm　内径 5.5cm

具体质量：0.140kg

文物来源：采集

收藏单位：良渚博物院

新石器时代·良渚文化带插孔兽面纹玉手柄

藏品编号：1900

尺　　寸：长 10.4cm 厚 2.2cm

具体质量：0.090kg

文物来源：拨交（瑶山 M2:55）

收藏单位：良渚博物院

新石器时代·良渚文化神人纹玉方锥形器

藏品编号：	0950
尺　寸：	长 12cm
具体质量：	0.017kg
文物来源：	拨交（瑶山 M7:23）
收藏单位：	良渚博物院

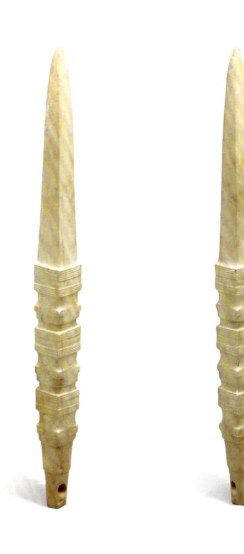

新石器时代·良渚文化兽面纹玉坠

藏品编号：	0946
尺　　寸：	长 3.2cm　直径 0.95cm
具体质量：	0.003kg
文物来源：	拨交（瑶山 M2:56）
收藏单位：	良渚博物院

新石器时代·良渚文化玉带钩

藏品编号：1518

尺　　寸：高 3.7cm 长 7.78cm 宽 4.5cm

具体质量：0.095kg

文物来源：拨交（瑶山 M14:158）

收藏单位：良渚博物院

新石器时代·良渚文化刻纹玉勺

藏品编号：0041

尺　　寸：长 13.4cm 宽 1.84 ～ 3.5cm 厚 0.47cm

具体质量：0.033kg

文物来源：采集

收藏单位：良渚博物院

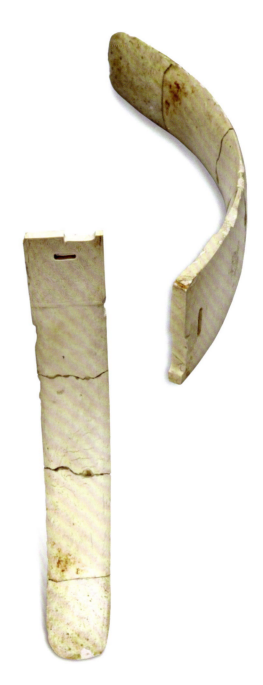

新石器时代·良渚文化刻纹玉匕

藏品编号：0042

尺　　寸：长 17.8cm　宽 2.55~3.15cm　厚 0.5~0.63cm

具体质量：0.046kg

文物来源：采集

收藏单位：良渚博物院

新石器时代·良渚文化玉端饰

藏品编号：0015

尺　　寸：高 7.1cm　上径 1.5cm　底径 3.1cm

具体质量：0.101kg

文物来源：采集

收藏单位：良渚博物院

新石器时代·良渚文化方形卵孔玉端饰

藏品编号：0937

尺　　寸：高 4cm　直径 5.5cm　孔径 0.2 ～ 0.35cm

具体质量：0.154kg

文物来源：拨交（瑶山 M7:29）

收藏单位：良渚博物院

新石器时代·良渚文化纺织腰机玉端饰

藏品编号：1192	
尺　　寸：高 4.35cm　长 3cm　厚 1.1cm	
具体质量：0.019kg	
文物来源：拨交（反山 M23:152）	
收藏单位：良渚博物院	

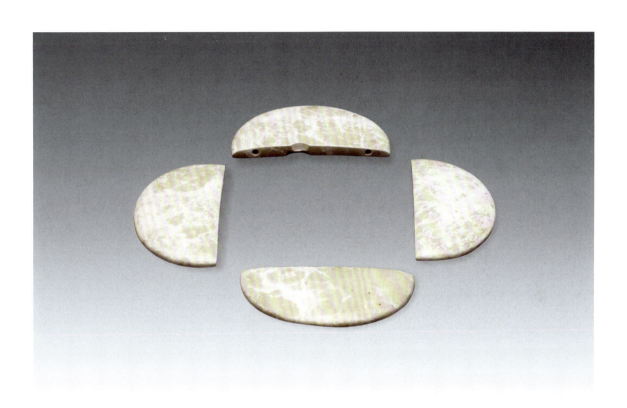

新石器时代·良渚文化玉半月形器

藏品编号：2252-2255

尺　　寸：高 3.25cm 宽 6.65cm 厚 0.6cm

具体质量：0.026kg

文物来源：拨交（反山 M14:137-140）

收藏单位：良渚博物院

新石器时代·良渚文化绿松石镶嵌片

藏品编号：2858

尺　　寸：圆　形：直径 0.8 ～ 0.9cm　厚 0.12 ～ 0.16cm
　　　　　长条形：长 0.7 ～ 0.8cm　厚 0.12cm

具体质量：0.001kg

文物来源：拨交（反山 M21:16）

收藏单位：良渚博物院

新石器时代·良渚文化玉蝉

藏品编号：1575

尺　　寸：长 2.35cm　宽 1.6cm　厚 0.95cm

具体质量：0.003kg

文物来源：拨交（反山 M14:187）

收藏单位：良渚博物院

新石器时代·良渚文化玉鸟

藏品编号：2250

尺　　寸：长 4.36cm 两翼宽 5.33cm 厚 0.93cm

具体质量：0.030kg

文物来源：拨交（反山 M14:259）

收藏单位：良渚博物院

新石器时代·良渚文化玉龟

藏品编号：2776

尺　　寸：长 3cm　宽 2cm　厚 0.6cm

具体质量：0.080kg

文物来源：采集

收藏单位：杭州市余杭博物馆

明·凤头玉簪

藏品编号：0098

尺　　寸：长 5.1cm

具体质量：0.160kg

文物来源：拨交

收藏单位：杭州市余杭博物馆

明·透雕兽面衔活环玉配饰

藏品编号：0102	
尺　　寸：长 4.3cm　宽 1.8cm	
具体质量：0.120kg	
文物来源：拨交	
收藏单位：杭州市余杭博物馆	

明·龙首水晶带钩

藏品编号：0111

尺　　寸：高 2.2cm　长 7.6cm　宽 2.5cm

具体质量：0.049kg

文物来源：拨交

收藏单位：杭州市余杭博物馆

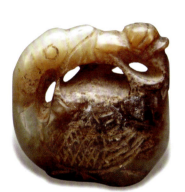

清·玉团鹅挂件

藏品编号：1133

尺　　寸：高 3.1cm　长 3.1cm　宽 1.1cm

具体质量：0.018kg

文物来源：采集

收藏单位：杭州市余杭博物馆

清·喜上眉梢蜜蜡如意吉子

藏品编号：0125

尺　　寸：长 6.4cm　宽 5.1cm　厚 0.8cm

具体质量：0.024kg

文物来源：拨交

收藏单位：杭州市余杭博物馆

清·包银翡翠管

藏品编号：0093

尺　　寸：长 7.6cm 直径 1.6cm

具体质量：0.045kg

文物来源：拨交

收藏单位：杭州市余杭博物馆

牙骨角器

牙骨角器

◆ 牙骨角器是以动物的骨骼、牙齿、角为原料，通过切割、磨制等手段制成的用具。石器时代发达的狩猎业和畜牧业，为其提供了前提和条件。

◆ 本区馆藏仅有数件良渚文化时期骨器，数量虽寡，亦能在一定程度上反映当时骨器的制作水平。

新石器时代·良渚文化骨凿

藏品编号：2624

尺　　寸：残长 9.1cm　刃宽 1.4cm

具体质量：0.024kg

文物来源：采集

收藏单位：杭州市余杭博物馆

新石器时代·良渚文化骨锥

藏品编号：0419

尺　　寸：长 13.7cm 宽 2.3cm 厚 0.7cm

具体质量：0.029kg

文物来源：拨交 [庙前 T4(5)B:15]

收藏单位：良渚博物院

新石器时代·良渚文化骨锥

藏品编号：0420

尺　　寸：长 10.2cm　直径 0.4cm

具体质量：0.005kg

文物来源：拨交 [庙前 T401G2(1):4]

收藏单位：良渚博物院

新石器时代·良渚文化骨镞

藏品编号：0418

尺　　寸：长 8.7cm　直径 1.6cm

具体质量：0.010kg

文物来源：拨交 [庙前 T203G(1):1]

收藏单位：良渚博物院

新石器时代·良渚文化骨匕

藏品编号：2656
尺　　寸：长 30cm　宽 2.5cm　厚 0.2cm
具体质量：0.027kg
文物来源：采集
收藏单位：杭州市余杭博物馆

清·桃形蚌壳挂件

藏品编号：1274

尺　　寸：长 5.7cm　宽 3.2cm

具体质量：0.044kg

文物来源：拣选

收藏单位：杭州市余杭博物馆

玻璃器

玻璃器

◆ 玻璃是以石英砂为原料，通过拉、吹、磨等工艺制成的器物。中国古代主要有我国独创的铅玻璃和来自西亚的钠玻璃两大系统。

◆ 我国的人工玻璃出现于春秋时期，且多为小型饰品。东汉开始制作容器，至六朝已掌握玻璃的吹制技术。

◆ 本区馆藏玻璃制品少而普通。主要为汉代蓝色的铅钡玻璃耳珰和珠子。

汉·玻璃耳珰

藏品编号：5891

尺　　寸：高 2.4cm

具体质量：0.010kg

文物来源：拨交

收藏单位：杭州市余杭博物馆

汉·玻璃串珠

藏品编号：5529
尺　　寸：0.5～0.7cm
具体质量：0.005kg
文物来源：拨交
收藏单位：杭州市余杭博物馆

清·荷花纹玻璃带扣

藏品编号：2982

尺　　寸：长 6cm 宽 4cm

具体质量：0.061kg

文物来源：采集

收藏单位：杭州市余杭博物馆

清·玻璃仿玛瑙料鼻烟壶

藏品编号：3511

尺　　寸：高 6cm　口径 1.5cm　宽 4.6cm

具体质量：0.034kg

文物来源：拨交

收藏单位：杭州市余杭博物馆

清·褐色料珠朝珠（108颗）

藏品编号：1697

尺　　寸：直径 1.2cm

具体质量：0.504kg

文物来源：采集

收藏单位：杭州市余杭博物馆

清·玻璃料珠

藏品编号：1255

尺　　寸：直径 2.1cm

具体质量：0.024kg

文物来源：采集

收藏单位：杭州市余杭博物馆

书法绘画

◆ 书法、绘画是以笔墨为工具，以纸张等为载体的艺术作品。

◆ 商代的甲骨文、西周的金文、秦代的小篆、汉代的隶书为魏晋以后的中国书法体系奠定了全面的基础。

◆ 从史前社会的岩画，到楚国的帛画，中国绘画从幼稚走向成熟。六朝时以人物画为主，隋唐时山水、花鸟等画种类纷呈、多姿多彩。宋代，画院和画科分类明确，绘画题材广泛。明清时期以地域为中心的名家流派名噪一时。

◆ 本区馆藏书法绘画侧重于明清至近现代书画名家佳作，尤以浙派、海派为最。其中姚虞琴、章炳麟等余杭乡贤作品成为收藏重点。

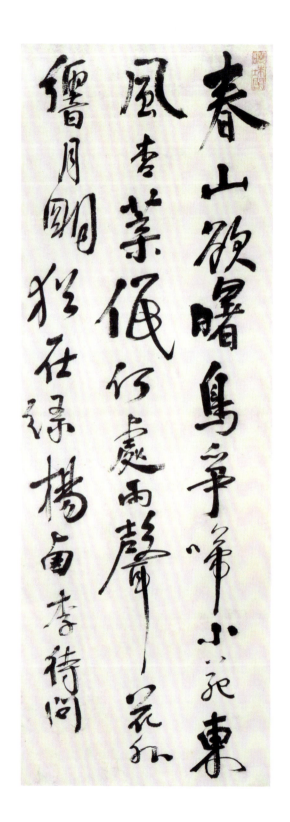

明·李待问行书七言诗轴

藏品编号：4784

尺　　寸：纵128cm　横45cm

质量范围：0.124kg

文物来源：旧藏

收藏单位：杭州市余杭博物馆

明·蒋明凤草书诗轴

藏品编号：4793

尺　　寸：纵 122cm　横 58cm

质量范围：0.498kg

文物来源：拨交

收藏单位：杭州市余杭博物馆

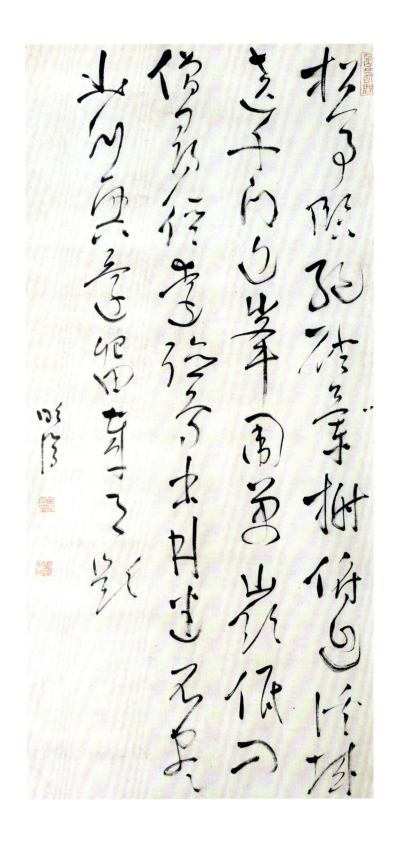

清·顾升山水图轴

藏品编号：4783

尺　　寸：纵 109cm 横 59cm

质量范围：1.630kg

文物来源：旧藏

收藏单位：杭州市余杭博物馆

清·童衡花鸟轴

藏品编号：4785

尺　寸：纵 190cm 横 86cm

质量范围：1.43kg

文物来源：旧藏

收藏单位：杭州市余杭博物馆

清·张适山水图轴

藏品编号：4787

尺　　寸：纵 172.5cm　横 88.7cm

质量范围：1.545kg

文物来源：拨交

收藏单位：杭州市余杭博物馆

清·张适山水图轴

清·吴毂祥寒江垂钓图轴

藏品编号：4864

尺　　寸：纵132cm 横32cm

具体质量：1.220kg

文物来源：拨交

收藏单位：杭州市余杭博物馆

清·倪田松鼠葡萄图轴

藏品编号：4874

尺　寸：纵 149cm　横 40cm

具体质量：1.350kg

文物来源：拨交

收藏单位：杭州市余杭博物馆

清·顾洛三多图轴

藏品编号：4799

尺　寸：纵 156cm　横 83cm

质量范围：0.781kg

文物来源：旧藏

收藏单位：杭州市余杭博物馆

清·蒲华四季山水屏

藏品编号：4789

尺　　寸：纵147cm　横41cm

质量范围：0.589kg

文物来源：拨交

收藏单位：杭州市余杭博物馆

清·翁雒花鸟草虫册页

藏品编号：4794

尺　　寸：纵 22cm 横 30.5 cm

质量范围：0.901kg

文物来源：旧藏

收藏单位：杭州市余杭博物馆

清·王文治行书诗轴

藏品编号：	4850
尺　　寸：	纵107cm　横29cm
质量范围：	0.138kg
文物来源：	拨交
收藏单位：	杭州市余杭博物馆

清·钱慧安人物图轴

藏品编号：4852	
尺　　寸：纵 131cm　横 32cm	
具体质量：0.985kg	
文物来源：拨交	
收藏单位：杭州市余杭博物馆	

清·张熊秋阶艳卉图轴

藏品编号：4865

尺　　寸：纵 129cm　横 31cm

具体质量：1.260 kg

文物来源：拨交

收藏单位：杭州市余杭博物馆

秦堂草书轴（年代不详）

藏品编号：4786

| 尺　　寸：纵 163cm　横 79cm |
| 质量范围：1.059kg |
| 文物来源：旧藏 |
| 收藏单位：杭州市余杭博物馆 |

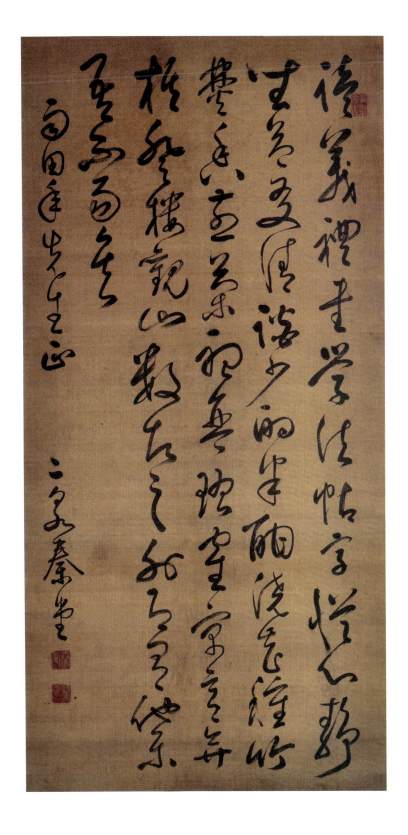

仿唐寅仕女图轴（年代不详）

藏品编号：4800

尺　　寸：纵126cm　横62cm

质量范围：0.321kg

文物来源：旧藏

收藏单位：杭州市余杭博物馆

仿仇英人物山水长卷（年代不详）

藏品编号：4851

尺　　寸：纵 26cm　横 223.5cm

具体质量：0.212kg

文物来源：拨交

收藏单位：杭州市余杭博物馆

民国·王震仿八大花鸟屏

藏品编号：4796

尺　　寸：纵 56cm 横 35cm

质量范围：0.521kg

文物来源：旧藏

收藏单位：杭州市余杭博物馆

民国·吴徵听秋图轴

藏品编号：4809

尺　　寸：纵 85cm　横 34cm

质量范围：0.589kg

文物来源：旧藏

收藏单位：杭州市余杭博物馆

民国·吴东迈篆书七言联

藏品编号：6110

尺　　寸：纵 148cm　横 26cm

具体质量：0.900 kg

文物来源：拨交

收藏单位：杭州市余杭博物馆

民国·姚虞琴兰竹图轴

藏品编号：4803

尺　　寸：纵 148cm　横 80cm

质量范围：0.669kg

文物来源：旧藏

收藏单位：杭州市余杭博物馆

民国·康有为行草轴

藏品编号：4829

尺　寸：	纵 126cm　横 33cm
具体质量：	0.780kg
文物来源：	旧藏
收藏单位：	杭州市余杭博物馆

民国·章太炎篆书"蓟汉"镜片

藏品编号：0004

尺　　寸：高133cm　宽52cm

具体质量：0.038kg

文物来源：接受捐赠

收藏单位：杭州市余杭章太炎故居纪念馆

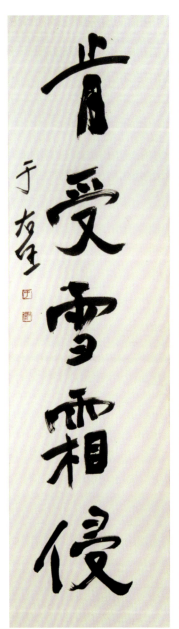
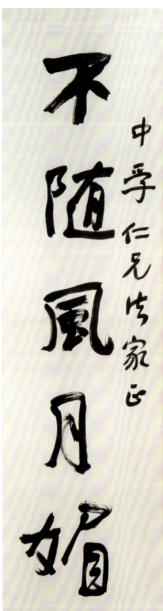

民国·于右任行书五言联

藏品编号：4853

尺　　寸：纵 148cm　横 39cm

具体质量：0.177kg

文物来源：旧藏

收藏单位：杭州市余杭博物馆

民国·谭延闿行书七言联

藏品编号：4861

尺　　寸：纵 147cm 横 49cm

具体质量：0.171kg

文物来源：旧藏

收藏单位：杭州市余杭博物馆

文具

文具

◆ 文具是传播文化的工具，种类繁多，质地各异。

◆ 至迟在战国时期已出现笔、墨、砚等。而隋唐的科举制度促进了文具的发展。至宋代，文人将情感寄托赋予文具，掀起文玩时尚，明清时更为盛行。

◆ 本区馆藏文具较为零星，以瓷质的各种水盂居多，石砚次之。西晋青瓷蛙形水盂、宋代抄手砚是其中的精品。

西晋·青釉蛙形瓷水盂

藏品编号：0894

尺　　寸：高 4cm 口径 4cm 底径 4cm

具体质量：0.230kg

文物来源：采集

收藏单位：杭州市余杭博物馆

东晋·黑釉瓷水盂

藏品编号：4249

尺　　寸：高 5cm　口径 4cm　底径 4.4cm

具体质量：0.124kg

文物来源：拨交

收藏单位：杭州市余杭博物馆

东晋·青釉三足瓷砚

藏品编号：0294

尺　　寸：高 4.3cm　口径 11.2cm　底径 15.5cm

具体质量：0.110kg

文物来源：采集

收藏单位：杭州市余杭博物馆

北宋·青釉刻划花瓷水盂

藏品编号：3031

尺　　寸：高 7.5cm 口径 5.7cm 底径 5.7cm

具体质量：0.340kg

文物来源：采集

收藏单位：杭州市余杭博物馆

宋·苏轼"雪堂"款端石抄手砚

藏品编号：0348

尺　　寸：高 3.9cm 长 16.8cm 宽 10cm

具体质量：1.145kg

文物来源：采集

收藏单位：杭州市余杭博物馆

明·双龙纹石砚

藏品编号：2288
尺　　寸：高 7.8cm 长 41.2cm 宽 30.7cm
具体质量：7.542kg
文物来源：采集
收藏单位：杭州市余杭博物馆

明·蕉叶纹凤首流三足铜水注

藏品编号：0192

尺　　寸：高 7cm 口径 4.1cm

具体质量：0.247kg

文物来源：拨交

收藏单位：杭州市余杭博物馆

清·仿宋石砚

藏品编号：0349

尺　　寸：高 11cm　长 26.3cm　宽 17.8cm

具体质量：10.461kg

文物来源：拨交

收藏单位：杭州市余杭博物馆

玺印符牌

玺印符牌

◆ 玺印是人们用以昭明信用的凭证。主要以铜、玉石、宝石等原料雕刻而成。

◆ 玺印源自商代，东周时已有官印、私印、成语印之分。秦汉是印章发展的高潮期，印钮样式多样，印文书法及雕镂技术精美。隋唐时，私印开始采用楷书、花押等书法形式，并出现文人鉴赏印。宋元时期，印章由凭证向艺术欣赏过渡，并自明中期后形成印章艺术。

◆ 本区馆藏印章上自战国，下至民国时期。印章多为仿汉之印，书体有篆书、隶书、楷书或草书体。内容除人名印和斋房印以外，多为闲章。

战国·铜印

藏品编号：0843

尺　　寸：高 4.2cm　长 6.2cm　宽 6.1cm

具体质量：0.599kg

文物来源：拣选

收藏单位：杭州市余杭博物馆

明·弘治十三年铜印章

藏品编号：2049

尺　　寸：高 8cm　边长 6.5cm

具体质量：0.692kg

文物来源：拨交

收藏单位：杭州市余杭博物馆

明·龟钮方形石书画章

藏品编号：0123

尺　　寸：高 2.8cm　边长 2.1cm

具体质量：0.066kg

文物来源：拨交

收藏单位：杭州市余杭博物馆

清·"道经师宝"双柱钮铜方印

藏品编号：1277

尺　　寸：高 2.5cm　边长 6.3cm

具体质量：0.130kg

文物来源：拣选

收藏单位：杭州市余杭博物馆

清·铜秉致印

藏品编号：1305

尺　　寸：高 3.1cm　边长 6.2cm

具体质量：0.326kg

文物来源：采集

收藏单位：杭州市余杭博物馆

民国·"家住禹杭苕溪"
"劳幼农印"朱白文双面石印

藏品编号：YZ023

尺　　寸：高5.0cm 边长3.5cm

具体质量：0.168kg

文物来源：拨交

收藏单位：杭州市余杭博物馆

子燕代羲和群詢水二閒日旺然則重旺是重旺旺古音

重黎重期正重旺之古音旺之語

警民亦變時踵

此句五帝本紀不載後成帝詔引警民於蒼時義乃今文孔衛碑然於六升

時踽不知探何家義詩小雅升枝烏斯傅亦雅也叔文正作藝二尋舉穀此義實較諸受

爲長羲上言敬九族眡上古至百西殺眡下言百姓協和其眀則

下賓警民於樂時和敬眡言敬眡諧非協之殺敬羲德諧義事云四羲之丙

舟虞所至莫不親義我買卽樂之調但令和義爲文學正作義古文作

穀之異體末知石經此學果作敬若大文不載亦未戴定爲穀古文作

帝穆此義事最鮮影祖而任之四時先民卽重黎即和氏是也詳於

亡和義使得藏之以至千甚眡故賣警民之後歲比和氏是也詳五

廉軍繫及吳同產眡終眡继席大子其三曰羲是爲彭是影祖爲重繫伎孫探巻

乃命羲和

末

古籍图书

◆ 古籍，是指书写或印刷于 1912 年之前的书籍，大致有竹简、帛书、石刻及纸本四类。图书在古代称作典籍，也叫文献，兼有文书、档案、书籍三重意义。

◆ 东周时，已出现竹简、帛书。唐代，随着雕版印刷的发明，各种古籍图书大量涌现。

◆ 本区馆藏古籍图书多收藏于杭州市余杭区图书馆和杭州市余杭章太炎故居纪念馆。其中杭州市余杭区图书馆纳入全国古籍普查；杭州市余杭章太炎故居纪念馆所藏多为章太炎先生手稿、著作或近现代刊物，是研究章太炎先生思想和成就的重要资料。

民国·《制言》期刊印本

藏品编号：	0021
尺　　寸：	长 26.4cm 宽 18.5cm
具体质量：	1.216kg
文物来源：	接受捐赠
收藏单位：	杭州市余杭章太炎故居纪念馆

1928年·《重订三字经》印本

藏品编号：0020

尺　　寸：长 25.7cm 宽 15.2cm 厚 0.3cm

具体质量：0.043kg

文物来源：接受捐赠

收藏单位：杭州市余杭章太炎故居纪念馆

1924 年·《清建国别记》印本

藏品编号：0019

尺　　寸：长 25.4cm　宽 15.7cm　厚 0.5cm

具体质量：0.087kg

文物来源：接受捐赠

收藏单位：杭州市余杭章太炎故居纪念馆

民国·《古文尚书拾遗定本》印本

藏品编号：0085

尺　　寸：长 27.2cm　宽 18.3cm　厚 0.6cm

具体质量：0.124kg

文物来源：接受捐赠

收藏单位：杭州市余杭章太炎故居纪念馆

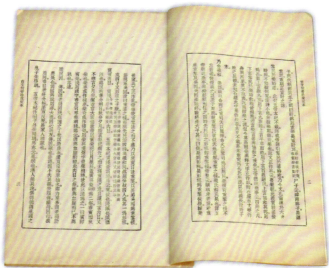

碑帖拓本

◆ 碑帖拓本包括刻贴和碑拓，是我国流传下来的珍贵的文字记录和史料，数量很大。

◆ 本区碑帖拓本多以近现代为主，间有清拓，内容丰富，包括墓志、塔铭、画像题字、题名、摩崖、名家书画等，是研究余杭历史文化的珍贵史料。

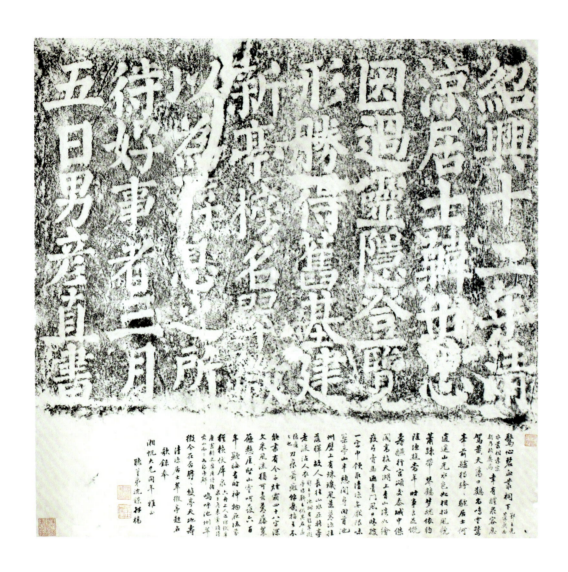

清·韩彦直书翠微亭拓片

藏品编号：TP77

尺　　寸：纵 65cm 横 68cm

具体质量：0.120kg

文物来源：拨交

收藏单位：杭州市余杭博物馆

民国·径山南宋孝宗御碑拓片

藏品编号：TP93

尺　　寸：纵343cm 横138cm

具体质量：0.290kg

文物来源：拨交

收藏单位：杭州市余杭博物馆

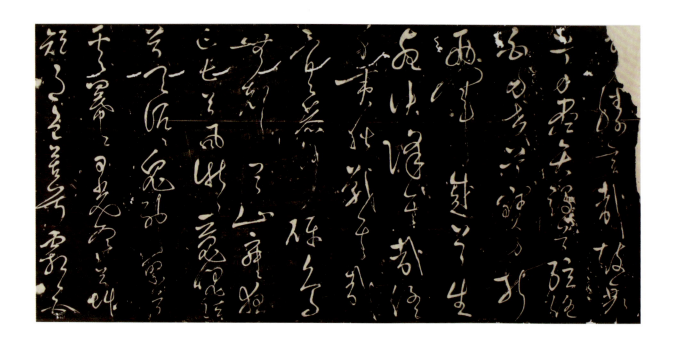

民国·草书残碑拓片

藏品编号：TP85

尺　　寸：纵 47cm　横 100cm

具体质量：0.130kg

文物来源：拨交

收藏单位：杭州市余杭博物馆

中华人民共和国·吴昌硕墓表拓片

藏品编号：	TP96
尺　　寸：	纵 168cm　横 78cm
具体质量：	0.150kg
文物来源：	拨交
收藏单位：	杭州市余杭博物馆

中华人民共和国·海云洞摩崖题记拓片

藏品编号：TP111

尺　　寸：纵78cm　横76cm

具体质量：0.040kg

文物来源：拨交

收藏单位：杭州市余杭博物馆

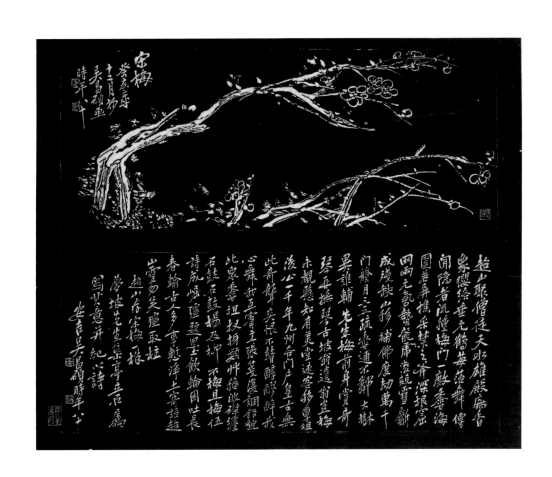

中华人民共和国·《宋梅图》碑刻拓片

藏品编号：	TP02
尺　　寸：	纵 64cm　横 79cm
具体质量：	0.280kg
文物来源：	拨交
收藏单位：	杭州市余杭博物馆

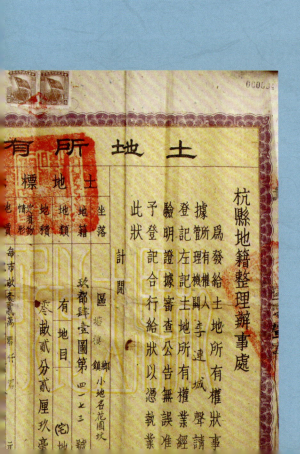

土地所有

有 所 地 土

標 地 土

杭縣地籍整理辦事處

為發給土地所有權狀事
據斷理機關李連城聲請
登記左記土地所有權業經
驗明證據審查公告無誤准
予登記合行給狀以憑執業
此狀
計開

坐落
　區塘棲鎮鄉　小地名花園坎
　玖都肆壹圖第四一之三號

地籍

地目
　(宅)地

地積
　零畝貳分貳厘玖毫

地價
　每市畝壹萬零肆仟

地上物

情形

档案文书

◆ 档案文书是社会发展的记录载体，最早的档案文书是结绳、刻契、绘画等原始记事方法。文字产生后，便有了使用文字的档案文书。

◆ 本区馆藏档案文书数量少，时代特色鲜明。其中一件为清同治十二年浙江乡试卷，其余为民国时期和现代，包括土地所有权状或立功证明书等。

民国·李连城纸《土地所有权状》

藏品编号：001

尺　　寸：长 33.2cm 宽 28.8cm；地图长 39.2cm 宽 35.7cm

具体质量：0.010kg

文物来源：旧藏

收藏单位：杭州市余杭区塘栖剧院

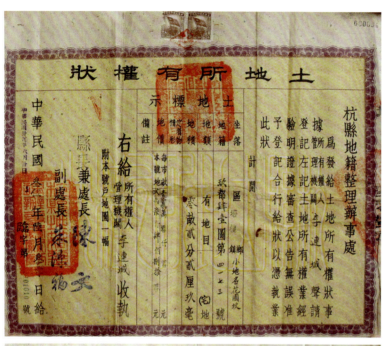

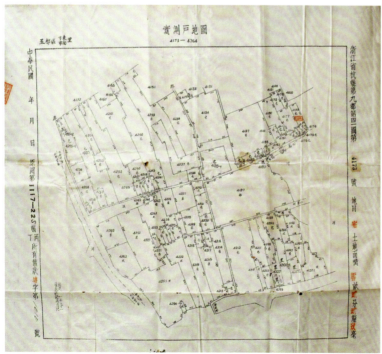

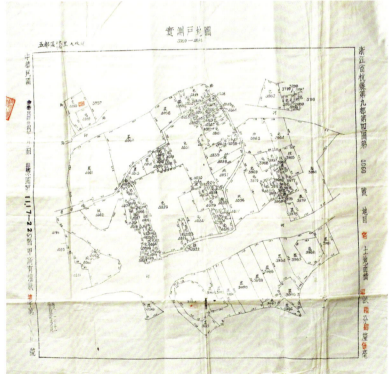

民国·钱伯森纸《土地所有权状》

藏品编号：	002
尺　　寸：	长33.3cm 宽28.4cm；地图长39.2cm 宽36.1cm
具体质量：	0.010kg
文物来源：	旧藏
收藏单位：	杭州市余杭区塘栖剧院

文件
宣传品

文件
宣传品

◆ 文件、宣传品具有一定的时代烙印，
是用作宣传的一种载体。

◆ 本区馆藏文件、宣传品数量较少，
种类较为单一，一般为近现代时期，
多为臂章、纪念章、胸章等。

1934 年·23 军政治部印《小调集》纸本

藏品编号：1513
尺　　寸：长 12.7cm　宽 8.1cm
具体质量：0.012kg
文物来源：拨交
收藏单位：杭州市余杭博物馆

1938 年·解放社出版《论新阶段》纸本

藏品编号：1506

尺　　寸：长 18.5cm　宽 15cm

具体质量：0.077kg

文物来源：拨交

收藏单位：杭州市余杭博物馆

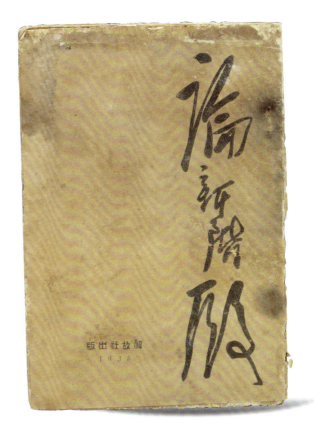

民国·抗战铜纪念章

藏品编号：	004
尺　　寸：	通长 9.3cm　通宽 3.5cm
具体质量：	0.022kg
文物来源：	旧藏
收藏单位：	杭州市余杭区档案局（馆）

民国·五角形带花陆海空军铜纪念章

藏品编号：005
尺　　寸：直径5.1cm
具体质量：0.024kg
文物来源：旧藏
收藏单位：杭州市余杭区档案局（馆）

现代·《解放歌曲》纸本

藏品编号：1514

尺　　寸：长 18.3cm 宽 12.9cm

具体质量：0.059kg

文物来源：拨交

收藏单位：杭州市余杭博物馆

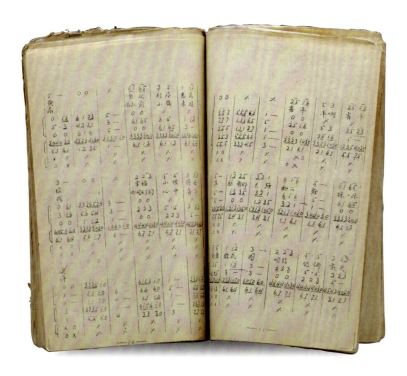

解放战争时期·淮海战役铜纪念章

藏品编号：	1504
尺　　寸：	直径 3.1cm
具体质量：	0.006kg
文物来源：	拨交
收藏单位：	杭州市余杭博物馆

现代·八一纪念章

藏品编号：	1505
尺　　寸：	直径 3.1cm
具体质量：	0.004kg
文物来源：	拨交
收藏单位：	杭州市余杭博物馆

1949 年·圆形渡江胜利铜纪念章

藏品编号：	003
尺　　寸：	直径 3.1cm
具体质量：	0.011kg
文物来源：	接受捐赠
收藏单位：	杭州市余杭区档案局（馆）

1954 年·慰问解放军纪念章

藏品编号：1517

尺　　寸：直径 4.2cm

具体质量：0.027kg

文物来源：拨交

收藏单位：杭州市余杭博物馆

1954 年·中国人民志愿军布胸章

藏品编号：1503

尺　　寸：长 8cm 宽 3.9cm

具体质量：0.001kg

文物来源：拨交

收藏单位：杭州市余杭博物馆

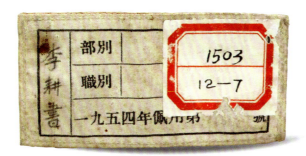

1957 年·解放军前线慰问布袋

藏品编号：1519

尺　　寸：长 9.5cm 宽 9.4cm

具体质量：0.019kg

文物来源：拨交

收藏单位：杭州市余杭博物馆

家具

家具

◆ 家具是以木、竹等原料，经各种工艺加工组合而成的生活用具。

◆ 家具的起源可上溯到山西陶寺出土的新石器时代彩绘木案。经商周时的初创，至汉代已形成了完整的组合系列。此后历代家具各有千秋，至明代达到了最为辉煌的巅峰。

◆ 本区馆藏家具稀少，且均为民国时期。种类以桌椅居多，亦有少量橱柜。

民国·带座双门木柜

藏品编号：0033

尺　　寸：通高 184.5cm 宽 89.5cm 进深 44cm

质量范围：45kg

文物来源：征集购买

收藏单位：杭州市余杭章太炎故居纪念馆

民国·银杏木画桌

藏品编号：	0037
尺　　寸：	高 81cm
质量范围：	23kg
文物来源：	征集购买
收藏单位：	杭州市余杭章太炎故居纪念馆

民国·雕花两拼木圆桌

藏品编号：0029
尺　　寸：高 86.6cm　直径 121cm
质量范围：50kg
文物来源：征集购买
收藏单位：杭州市余杭章太炎故居纪念馆

民国·博古纹红木靠背椅

藏品编号：0030

尺　　寸：高 96cm 面宽 42cm

质量范围：60kg

文物来源：征集购买

收藏单位：杭州市余杭章太炎故居纪念馆

名人遗物

◆ 在众多的余杭名人中，清末民国初期的思想家、史学家章太炎先生是其中的佼佼者之一。其研究范围涉及政治、历史、哲学、医学、佛教等，且著作丰厚。

◆ 杭州市余杭章太炎故居纪念馆所保存的书稿和生活用品等，既是章太炎先生生活的真实写照，更是可供研究的珍贵实物资料。

民国·章太炎用梨花木组合书柜

藏品编号：0025

尺　　寸：通高150cm 长80cm 宽44cm

具体质量：75kg

文物来源：接受捐赠

收藏单位：杭州市余杭章太炎故居纪念馆

民国·章太炎用两托竹提篮

藏品编号：0027

尺　　寸：高 55cm 直径 36cm 底径 36cm

具体质量：2.720kg

文物来源：接受捐赠

收藏单位：杭州市余杭章太炎故居纪念馆

民国·章太炎遗墨

藏品编号：0002

尺　　寸：长 7.8cm 单件宽 1.9cm 厚 0.8cm

具体质量：0.021kg

文物来源：接受捐赠

收藏单位：杭州市余杭章太炎故居纪念馆

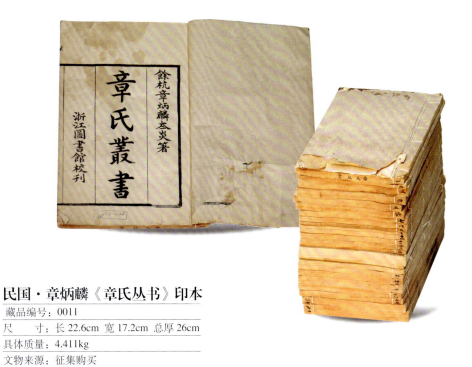

民国·章炳麟《章氏丛书》印本

藏品编号：0011

尺　　寸：长 22.6cm　宽 17.2cm　总厚 26cm

具体质量：4.411kg

文物来源：征集购买

收藏单位：杭州市余杭章太炎故居纪念馆

民国·章太炎手稿

藏品编号：0022

尺　　寸：长 38.5cm　宽 27.7cm

具体质量：0.110kg

文物来源：征集购买

收藏单位：杭州市余杭章太炎故居纪念馆

雕塑 造像

◆ 雕塑和造像是一种通过雕、塑、画等技法创造的文化表述。

◆ 早在史前社会已出现小型的动物雕塑，至秦汉以前，雕塑、造像多为土生土长的原生作品。此后，随着外来佛教的深刻影响，佛教题材逐渐成为雕塑、造像的主题。

◆ 本区馆藏雕塑、造像较为稀少，且均为明清时期各种不同形态的铜佛像。

明·莲花座铜佛像

藏品编号：0856

尺　　寸：高 25cm

具体质量：2.548kg

文物来源：拣选

收藏单位：杭州市余杭博物馆

明·莲花座嵌宝石铜佛坐像

藏品编号：	0854
尺　　寸：	高 22.1cm
具体质量：	1.066kg
文物来源：	拨交
收藏单位：	杭州市余杭博物馆

明·铜佛像

藏品编号：0858

尺　　寸：高 31.3cm

具体质量：2.736kg

文物来源：拨交

收藏单位：杭州市余杭博物馆

明·铜沐浴佛像

藏品编号：0203

尺　　寸：高 19.5cm 腹径 4cm

具体质量：0.160kg

文物来源：采集

收藏单位：杭州市余杭博物馆

清·藏传鎏金铜佛像

藏品编号：0851

尺　　寸：高 25.5cm

具体质量：2.610kg

文物来源：拨交

收藏单位：杭州市余杭博物馆

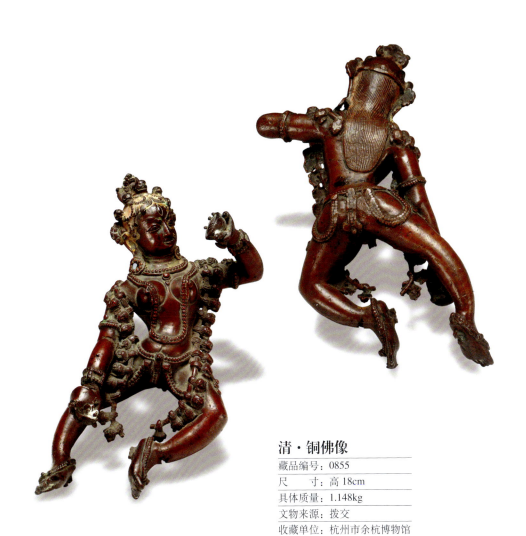

清·铜佛像

藏品编号：0855

尺　　寸：高 18cm

具体质量：1.148kg

文物来源：拨交

收藏单位：杭州市余杭博物馆

法乐
器器

乐器
法器

◆ 乐器是能发出乐音，供演奏之用的器具。法器是佛教和道教用于宗教仪式的器具及教徒用于修行的用具。

◆ 自新石器时代出现骨哨、陶埙后，至先秦时期，乐器的种类已多达二十余种。此后随着各类乐器的增多，最终至元代形成了中国特色的打击、吹管、弹弦、拉弦四大乐器系统。

◆ 本区馆藏乐器和法器仅有铜铎、降魔铃等。

汉·网格纹铜铎

藏品编号：1436

尺　　寸：残高 9cm 铣距 7.2cm

具体质量：0.209kg

文物来源：拨交

收藏单位：杭州市余杭博物馆

宋·铜降魔铃

藏品编号：0871

尺　　寸：高 25cm 口径 10cm

具体质量：0.413kg

文物来源：采集

收藏单位：杭州市余杭博物馆

明·小铜钟

藏品编号：0877
尺　　寸：高 24cm 口径 15.2cm
具体质量：2.269kg
文物来源：拣选
收藏单位：杭州市余杭博物馆

度量衡器

◆ 度量衡是中国古代用于计量的器具。

◆ 源于先秦时期、各国标准不一的度量衡，至秦代以法律的形式得以统一和完善。此后历代虽对尺寸、升斗、重量的计量标准不断改动，但都在统一的国家层面进行。

◆ 本区馆藏仅有元明时期的衡器。

元·铜权

藏品编号：1607

尺　　寸：高 8.6cm 宽 4.4×3.1cm

具体质量：0.347kg

文物来源：拣选

收藏单位：杭州市余杭博物馆

明·洪武二年铜权

藏品编号：0797

尺　　寸：高 10cm　宽 5.4×3.8cm

具体质量：0.658kg

文物来源：拣选

收藏单位：杭州市余杭博物馆

钱币

◆ 钱币是用于商品交换的一般等价物。中国古代钱币除使用少量金银外，多为铜铸币。

◆ 钱币源于商代，东周铜钱逐渐形成贝、布、刀、圜钱等几个门类。秦代，统一为"半两"钱。西汉武帝起改用"五铢"钱，并使用至唐初。唐高祖开铸的"开元通宝"，开创了通宝、元宝钱体系。宋代，钱币品种之繁、钱纹之多，为历史之最。明清时期，将官铸钱币称为"制钱"，以区别旧钱。此外，尚有各种金银币，如汉代的马蹄金、唐代的金铤、宋代的金牌等。

◆ 古钱币是本区主要藏品之一。并以历代尤其是宋代圜钱占大宗，另有部分春秋时的蚁鼻钱、新莽货布和刀币、南宋钱牌、明代银锭等。

战国·铜布币

藏品编号：1417

尺　　寸：长 10.6cm 底宽 3.8cm

具体质量：0.023kg

文物来源：拣选

收藏单位：杭州市余杭博物馆

战国·铜蚁鼻钱

藏品编号：0156

尺　　寸：长 1.4 ～ 1.8cm 宽 0.9 ～ 1.2cm

具体质量：0.036kg

文物来源：拣选

收藏单位：杭州市余杭博物馆

西汉·新莽大泉五十铜钱

藏品编号：0214

尺　　寸：直径 2.2cm

具体质量：0.015kg

文物来源：拣选

收藏单位：杭州市余杭博物馆

西汉·新莽货布五百铜刀币

藏品编号：0213	
尺　　寸：长 8.3cm　钱径 2.8cm	
具体质量：0.017kg	
文物来源：拣选	
收藏单位：杭州市余杭博物馆	

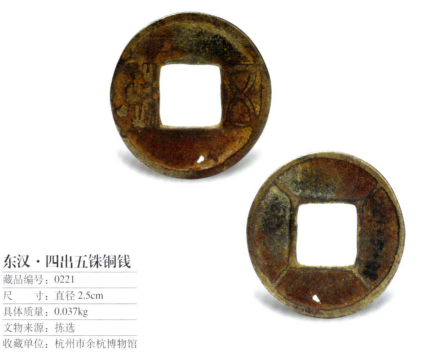

东汉·四出五铢铜钱

藏品编号：0221

尺　　寸：直径 2.5cm

具体质量：0.037kg

文物来源：拣选

收藏单位：杭州市余杭博物馆

唐·开元通宝铜钱

藏品编号：TQ4

尺　　寸：直径 2.4cm

具体质量：0.036g

文物来源：旧藏

收藏单位：杭州市余杭博物馆

唐·乾元重宝铜钱

藏品编号：TQ1337

尺　　寸：直径 2.3cm

具体质量：0.038g

文物来源：采集

收藏单位：杭州市余杭博物馆

五代十国·后周周元通宝铜钱

藏品编号：TQ1316

尺　　寸：直径 2.5cm

具体质量：0.032kg

文物来源：采集

收藏单位：杭州市余杭博物馆

北宋·景德元宝铜钱

藏品编号：TQ1395

尺　　寸：直径 2.5cm

具体质量：0.041kg

文物来源：采集

收藏单位：杭州市余杭博物馆

北宋·皇宋通宝铜钱

藏品编号：TQ118

尺　　寸：直径 2.4cm

具体质量：0.030kg

文物来源：采集

收藏单位：杭州市余杭博物馆

北宋·元丰通宝铜钱

藏品编号：TQ53

尺　　寸：直径 2.44cm

具体质量：0.041kg

文物来源：采集

收藏单位：杭州市余杭博物馆

南宋·临安府铜钱牌

藏品编号：4324

尺　　寸：长 5.6cm 宽 1.5cm 厚 0.3cm

具体质量：0.017kg

文物来源：旧藏

收藏单位：杭州市余杭博物馆

元·至正通宝铜钱

藏品编号：TQ137

尺　　寸：直径 4.3cm

具体质量：0.057kg

文物来源：采集

收藏单位：杭州市余杭博物馆

明·洪武通宝铜钱

藏品编号：TQ32

尺　　寸：直径 4.2cm

具体质量：0.032kg

文物来源：采集

收藏单位：杭州市余杭博物馆

元·大中通宝背十铜钱

藏品编号：4325

尺　　寸：直径 4.4cm

具体质量：0.015kg

文物来源：旧藏

收藏单位：杭州市余杭博物馆

明·十两铜锭

藏品编号：2445

尺　　寸：高 2.5cm 长 6.1cm 宽 2.2 ～ 4.5cm

具体质量：0.361kg

文物来源：采集

收藏单位：杭州市余杭博物馆

清·乾隆通宝铜钱

藏品编号：TQ16

尺　　寸：直径 2.31cm

具体质量：0.032kg

文物来源：采集

收藏单位：杭州市余杭博物馆

清·太平天国背圣宝铜钱

藏品编号：0232

尺　　寸：直径 2.3cm

具体质量：0.003kg

文物来源：旧藏

收藏单位：杭州市余杭博物馆

武器

◆ 武器是用于攻击、威慑和防御的工具。

◆ 在史前社会已能利用自然界的石块、树木制作原始的武器。商代，各种青铜长杆格斗兵器、卫体短兵器和复合兵器逐步形成体系。春秋战国出现钢兵器，至唐宋时冷兵器已达到高峰。宋代，开始出现火器，由此进入火器和冷兵器并用的时代。

◆ 本区馆藏青铜武器种类较多，既有长杆的矛、戈，亦有短柄的刀、剑；既有复合武器中的弓箭，亦有火器中的佛朗机铜铳，从一个侧面展示了古代武器的演变和发展。

西周·云雷纹直内铜戈

藏品编号：0133

尺　　寸：长 25.2cm　援长 19.3cm　格宽 5.9cm　内长 5cm

具体质量：0.224kg

文物来源：拣选

收藏单位：杭州市余杭博物馆

西周·铜镞

藏品编号：3415

尺　　寸：长 4.2cm　刃宽 1.3cm

具体质量：0.013kg

文物来源：采集

收藏单位：杭州市余杭博物馆

春秋·短骹铜矛

藏品编号：0131

尺　　寸：长 27.2cm　宽 2.7cm

具体质量：0.110kg

文物来源：拣选

收藏单位：杭州市余杭博物馆

春秋·云纹铜剑

藏品编号：0130

尺　　寸：长 17.5cm　宽 2.9cm

具体质量：0.140kg

文物来源：采集

收藏单位：杭州市余杭博物馆

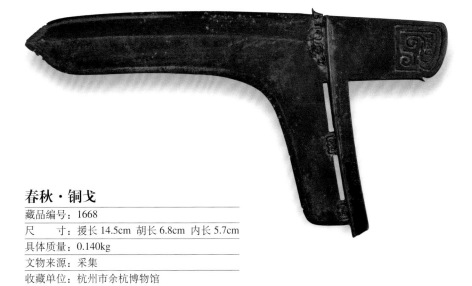

春秋·铜戈

藏品编号：1668

尺　　寸：援长 14.5cm　胡长 6.8cm　内长 5.7cm

具体质量：0.140kg

文物来源：采集

收藏单位：杭州市余杭博物馆

春秋·铜镞

藏品编号：0145

尺　　寸：长 5.5cm

具体质量：0.014kg

文物来源：拣选

收藏单位：杭州市余杭博物馆

战国·铜钺

藏品编号：0832

尺　　寸：高 7.1cm　刃宽 7.3cm　銎径 5.6×1.5cm

具体质量：0.120kg

文物来源：采集

收藏单位：杭州市余杭博物馆

战国·短骹铜矛

藏品编号：0837

尺　　寸：长 18cm

具体质量：0.127kg

文物来源：拣选

收藏单位：杭州市余杭博物馆

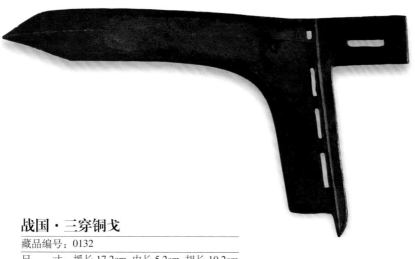

战国·三穿铜戈

藏品编号：0132

尺　　寸：援长 17.2cm　内长 5.2cm　胡长 10.2cm

具体质量：0.120kg

文物来源：拣选

收藏单位：杭州市余杭博物馆

战国·铜剑

藏品编号：1333

尺　　寸：长 50.7cm　宽 3cm

具体质量：0.742kg

文物来源：采集

收藏单位：杭州市余杭博物馆

战国·铜镞

藏品编号：2970

尺　　寸：长 4.9cm

具体质量：0.200kg

文物来源：拣选

收藏单位：杭州市余杭博物馆

汉·短骹铜矛

藏品编号：2712

尺　　寸：长 16.3cm　宽 3.2cm

具体质量：0.090kg

文物来源：拨交（长命反山 M2:4）

收藏单位：杭州市余杭博物馆

西汉·铁剑

藏品编号：3301

尺　　寸：长 88.8cm 刃宽 3.4cm

具体质量：3.340kg

文物来源：采集

收藏单位：杭州市余杭博物馆

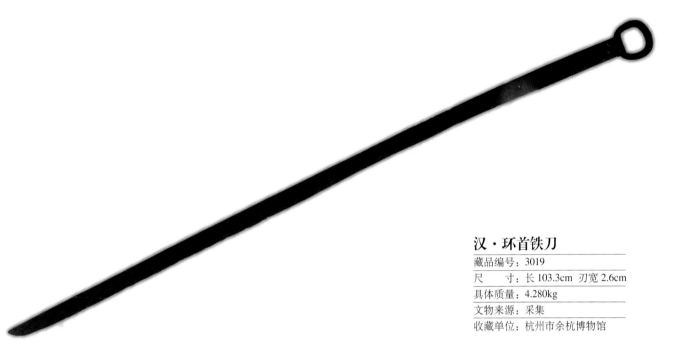

汉·环首铁刀

藏品编号：	3019
尺　寸：	长 103.3cm 刃宽 2.6cm
具体质量：	4.280kg
文物来源：	采集
收藏单位：	杭州市余杭博物馆

元·"天佑丙申朱府铸造"铜铳

藏品编号：	2007
尺　　寸：	长 32.6cm　直径 5.7cm
具体质量：	0.490kg
文物来源：	拣选
收藏单位：	杭州市余杭博物馆

明·佛朗机铜铳

藏品编号：3684

尺　　寸：长 30cm　直径 5cm

具体质量：3.240kg

文物来源：采集

收藏单位：杭州市余杭博物馆

清·铁铳

藏品编号：0207

尺　　寸：长 94cm　口径 7cm　座径 15.5cm

具体质量：56.540kg

文物来源：采集

收藏单位：杭州市余杭博物馆

民国·铁手雷

藏品编号：1507

尺　　寸：高 8.1cm　直径 5.5cm

具体质量：0.612kg

文物来源：采集

收藏单位：杭州市余杭博物馆

后记

　　本图录既是杭州市余杭区在第一次全国可移动文物普查工作中的成果之一，亦是余杭区精品文物的一次集体亮相。

　　在图录的体例和设计的过程中，我们以一普的命名和分类标准为原则，舍弃了以文物质地为分类标准的传统分类法，首次采用了文物质地和功能并举的分类方法，尽管这种方法有待商榷之处。对杭州市余杭博物馆、良渚博物院、杭州市余杭章太炎故居纪念馆、杭州市瓶窑中学、杭州余杭运河综合保护开发建设有限公司、杭州市余杭区档案局（馆）、杭州市余杭区仁和街道社区卫生服务中心、杭州市余杭区塘栖剧院所收藏的 28652 件（套）文物，甄选出 310 件可代表 23 个类别的珍贵文物。并采用分述的方式，对各类文物的基本概念、发展概况、藏品特征和意义等作了概括性的介绍。同时，对拨交而来的考古发掘品，在"文物来源"中标注出明确的地点、墓号及器物号。以期达到雅俗共赏的作用。

　　余杭区的一普工作成果，凝聚着众多一线工作人员的心血。借此机会，感谢省市区各级领导的关心与支持，感谢省一普专家组对我区一普工作的审核和修正，也要感谢全区文博系统在职和临时聘请人员的辛勤劳动。没有你们严谨、踏实的态度，任劳任怨的作风，就没有今天的成果。

　　在图录编辑过程中，浙江省文物考古研究所胡继根研究员负责了藏品的遴选及相关信息的核查，杭州市余杭区文化广电新闻出版局贾晋妍、虞家琳，杭州市余杭博物馆吕芹、胡海兵，良渚博物院骆晓红等分别起草并提供了相关材料，杭州钱王图文设计制作有限公司钱明负责文物拍摄，最后由杭州市余杭博物馆馆长陆文宝研究员负责统稿和校对。对于他们的辛勤付出在此表示衷心的感谢！

　　此次一普工作时间紧、任务重、工作量大，文物的遴选涵盖全区所有国有文物收藏单位的藏品，难免参差不一。加上编辑人员业务水平有限，也难免挂一漏万，恳请诸位海涵。

编　者

2016 年 11 月